もくじ

英語5年

hine

教科書ぴったりトレーニング

▶ 3分でまとめ動画

トラック トラック のついているところと、各付録の音声は、右のQRコード、または専用の「ポケットリスニング」のアプリから聞くことができます。
「ポケットリスニング」について、くわしくは表紙の裏をご覧ください。
https://www.shinko-keirin.co.jp/shinko/listening-pittari_training/

スピーキングアプリ のついているところは専用の「ぴたトレスピーキング」のアプリで学習します。
くわしくは89ページをご覧ください。

学習日　　月　　日

アルファベットを学ぼう
大文字

アルファベット　大文字

ききトリ　音声でアルファベットの音を聞いて、後に続いて言ってみましょう。　トラック0

□ A《エイ》　□ B《ビー》　□ C《スィー》　□ D《ディー》　□ E《イー》

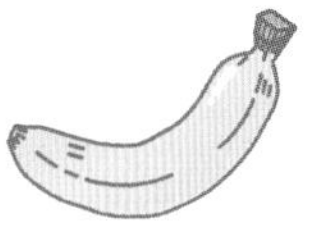

□ F《エフ》　□ G《ジー》　□ H《エイチ》　□ I《アイ》　□ J《ジェイ》

□ K《ケイ》　□ L《エル》　□ M《エンム》　□ N《エンヌ》　□ O《オウ》

□ P《ピー》　□ Q《キュー》　□ R《アール》　□ S《エス》　□ T《ティー》

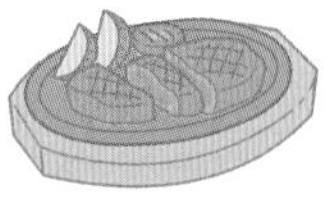

□ U《ユー》　□ V《ヴィー》　□ W《ダブリュー》　□ X《エクス》　□ Y《ワイ》　□ Z《ズィー》

☑ 発音したらチェック

ぴったり2

練習

学習日　月　日

※アルファベットの書き順は目安です。
※この本では英語の発音をよく似たカタカナで表しています。
めやすと考え、音声で正しい発音を確かめましょう。

かきトリ　声に出して文字をなぞった後、自分で2回ぐらい書いてみましょう。　できたらチェック！　書く□　話す□

① A
② B
③ C
④ D
⑤ E
⑥ F
⑦ G
⑧ H
⑨ I
⑩ J
⑪ K
⑫ L
⑬ M
⑭ N
⑮ O
⑯ P
⑰ Q
⑱ R
⑲ S
⑳ T
㉑ U
㉒ V
㉓ W
㉔ X
㉕ Y
㉖ Z

ヒント

大文字は、一番上の線から3番目の線までの間に書くよ。

ぴったり1 準備

アルファベットを学ぼう
小文字

学習日　月　日

アルファベット　小文字

ききトリ　アルファベットをリズムに乗って言ってみましょう。　トラック0

□ a《エイ》

□ b《ビー》
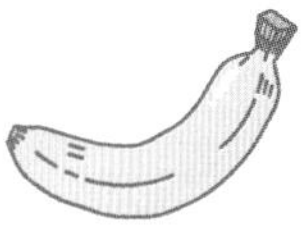
□ c《スィー》

□ d《ディー》

□ e《イー》
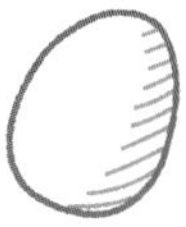

□ f《エフ》

□ g《ジー》

□ h《エイチ》

□ i《アイ》

□ j《ジェイ》

□ k《ケイ》

□ l《エル》
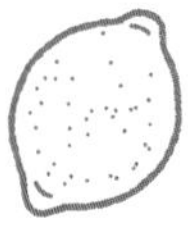
□ m《エンム》

□ n《エンヌ》

□ o《オウ》

□ p《ピー》

□ q《キュー》

□ r《アール》
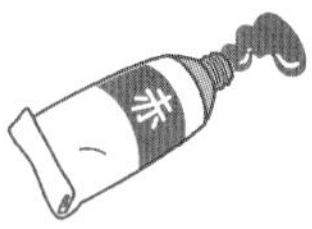

□ s《エス》

□ t《ティー》

□ u《ユー》

□ v《ヴィー》

□ w《ダブリュー》

□ x《エクス》

□ y《ワイ》

□ z《ズィー》

☑ 発音したらチェック

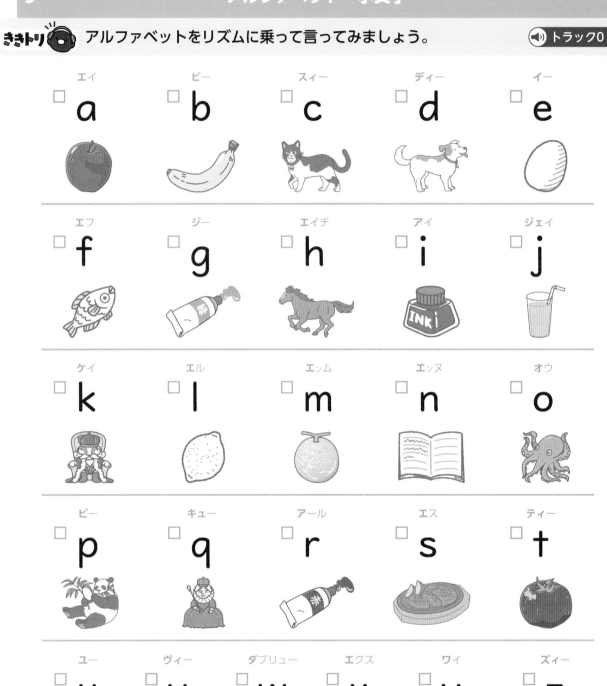

ぴったり2

練習

学習日 月 日

※アルファベットの書き順は目安です。
※この本では英語の発音をよく似たカタカナで表しています。
めやすと考え、音声で正しい発音を確かめましょう。

がきトリ 声に出して文字をなぞった後、自分で2回ぐらい書いてみましょう。 できたらチェック！ 書く 話す

① a
② b
③ c
④ d
⑤ e
⑥ f
⑦ g
⑧ h
⑨ i
⑩ j
⑪ k
⑫ l
⑬ m
⑭ n
⑮ o
⑯ p
⑰ q
⑱ r
⑲ s
⑳ t
㉑ u
㉒ v
㉓ w
㉔ x
㉕ y
㉖ z

ヒント

bとdのように、形の似《に》ているアルファベットがいくつかあるね。

★英語を書くときのルール★

英語を書くときは、日本語とはちがうルールがいくつかあります。
次からのページで英語を書くときは、ここで学ぶことに気をつけましょう。

① 単語《たんご》の中の文字どうしはくっつけて書き、単語どうしははなして書く！

Good morning. I'm Saori.

↑ 単語と単語の間は、少しあけるよ。　↑ 文と文の間は、１文字程度あけるよ。

Good のように、1文字1文字がはなれないようにしよう。

② 文の最初《さいしょ》の文字は大文字で書く！

Good morning.

× good morning.

Yes, I do.

I は文のどこでも大文字だよ。

▶ **以下《いか》のような単語は文のどこでも大文字で始めます。**

人の名前	国名	地名
Olivia	Japan	Osaka

③ 文の終わりにはピリオド（.）をつける！

Nice to meet you.

Good idea!

強調するときなどに使うエクスクラメーションマーク（!）をつけるときは ピリオドはなくてよいよ。

④ たずねる文の終わりには、ピリオドのかわりにクエスチョンマーク（?）をつける！

How are you?

× How are you.

⑤ 単語の間にはコンマ（,）をつけることがある！

Yes, it is.

Yes や No のあとにはコンマ（,）を入れるよ。

★数字を表す英語のルール★

トラック0

ものの個数や値段《ねだん》、年れいを表す数字と、日づけなどに使う数字の２通りを知っておきましょう。

ものの個数や値段、年れいを表す数字

1 one	2 two	3 three	4 four	5 five
6 six	7 seven	8 eight	9 nine	10 ten
11 eleven	12 twelve	13 thirteen	14 fourteen	15 fifteen
16 sixteen	17 seventeen	18 eighteen	19 nineteen	20 twenty
21 twenty-one	22 twenty-two	23 twenty-three	24 twenty-four	25 twenty-five
26 twenty-six	27 twenty-seven	28 twenty-eight	29 twenty-nine	30 thirty
40 forty	50 fifty	60 sixty	70 seventy	80 eighty
90 ninety	100 one hundred			

（例） three apples（3つのりんご）

日づけを表す数字

1st first	2nd second	3rd third	4th fourth	5th fifth	6th sixth	7th seventh
8th eighth	9th ninth	10th tenth	11th eleventh	12th twelfth	13th thirteenth	14th fourteenth
15th fifteenth	16th sixteenth	17th seventeenth	18th eighteenth	19th nineteenth	20th twentieth	21st twenty- first
22nd twenty- second	23rd twenty- third	24th twenty- fourth	25th twenty- fifth	26th twenty- sixth	27th twenty- seventh	28th twenty- eighth
29th twenty- ninth	30th thirtieth	31st thirty- first				

（例） My birthday is April 1st.
（わたしの誕生日《たんじょうび》は4月1日です。）

ぴったり1 準備

Lesson 1
Hello, everyone. ①

3分でまとめ

学習日　　月　　日

めあて
相手に自分の名前と自分の好きなものを伝えることができる。

教科書　14～23ページ

自分の名前と、自分の好きなものの伝え方

ききトリ　音声を聞き、声に出してみましょう。　トラック1～2

Hello.《ヘロウ》 My《マイ》 name《ネイム》 is《イズ》 Tanaka Rio《タナカリオ》.
こんにちは。わたしの名前はタナカリオです。

I《アイ》 like《ライク》 dogs《ドーグズ》.
わたしはイヌが好きです。

せつめい　つたえる　Hello.は「こんにちは。」という意味で、一日中いつでも使える気軽なあいさつです。My name is ～.で、「わたしの名前は～です。」と伝えることができます。「～」には、自分の名前を入れます。I like ～.は「わたしは～が好きです。」と伝えるときの言い方です。

ききトリ　音声を聞き、英語の言葉を言いかえて、文を読んでみましょう。　トラック3～6

Hello. My name is Tanaka Rio.

いいかえよう　あいさつを表す英語

□Hi.（やあ［こんにちは］。）

□Good morning.
（おはよう［ございます］。）

□Good afternoon.
（こんにちは［ていねいに］。）

ワンポイント
自分の名前を伝えるときはMy name is ～.の代わりに“I'm Tanaka Rio.”と、I'mを使って言うこともできるよ。

I like **dogs**.

いいかえよう　動物を表す英語

□cats（ネコ）

□birds（鳥）

□cows（ウシ）

□lions（ライオン）

□elephants（ゾウ）

□monkeys（サル）

□horses（ウマ）

□pandas（パンダ）

□penguins（ペンギン）

これを知ったらワンダフル！
「イヌが好きです。」と言うときは、dogsと最後に“s”をつけて複《ふく》数形《すうけい》にするよ。こうすることで、１ぴきのイヌではなくて「イヌ」という種類のもの全部が好きという意味になるよ。

小冊子《しょうさっし》のp.16～17で、もっと言葉や表現を学ぼう！

ぴったり2

練習

学習日　　月　　日

?ぴったりクイズ 答えはこのページの下にあるよ！

アメリカという国の名前は何から名づけられたかな？
① 場所の名前　② 人の名前　③ 星の名前

教科書　14～23 ページ

かきトリ　英語をなぞり、声に出してみましょう。

できたらチェック！ 書く 話す

□こんにちは。
Hello.

□やあ[こんにちは]。
Hi.

□おはよう〔ございます〕。
Good morning.

□ネコ
cats

□鳥
birds

□ウシ
cows

□ゾウ
elephants

□ウマ
horses

□サル
monkeys

ヒント
cow は［**カ**ウ］と発音するけれど、cow の真ん中の文字は o だよ。penguin は［**ペ**ングウィン］と発音して、スペルも g のあとに u が入るよ。

□ライオン
lions

□パンダ
pandas

□ペンギン
penguins

□こんにちは。わたしの名前はタナカリオです。
Hello. My name is Tanaka Rio.

□わたしはイヌが好きです。
I like dogs.

▶読み方がわからないときは、左のページにもどって音声を聞いてみましょう。

やりトリ　自分ならどう言うかを書いて、声に出してみましょう。

できたらチェック！ 書く 話す

＿＿＿＿. My name is ＿＿＿＿.

I like ＿＿＿＿.

つたえるコツ
名前が、伝えたい大切な情報《じょうほう》なので、自分の名前を大きくはっきりと言おう。

▶あてはめる英語は、左のページや付録の小冊子、教科書や辞書などから探《さが》してみましょう。

練習ができたら、次はいろんな人に自己紹介《じこしょうかい》をしてみよう！

ぴったりクイズの答え　② 1497年にアメリカに到達《とうたつ》したイタリアの探検家《たんけんか》アメリゴ・ヴェスプッチの名前からつけられたよ。

ぴったり1 準備

Lesson 1 Hello, everyone. ②

学習日　　月　　日

めあて
名前に使われている文字を相手にたずねたり、自分の名前の文字を伝えたりすることができる。

教科書 14〜23ページ

名前に使われている文字のたずね方 / 答え方

ききトリ 音声を聞き、声に出してみましょう。 トラック7〜8

How《ハウ》 do《ドゥ》 you《ユー》 spell《スペル》 your《ユア》 name《ネイム》?
あなたはあなたの名前をどのようにつづりますか。

R-I-O《アー アイ オウ》. Rio《リオ》.
アー・アイ・オウ。リオです。

せつめい

たずねる 「あなたはあなたの名前をどのようにつづりますか。」とたずねるときは、**How do you spell your name?**と言います。

こたえる 答えるときは、アルファベットをアー・アイ・オウのように1文字ずつ区切って言います。「リオ」という名前なら**R-I-O(アー・アイ・オウ)**となります。

ききトリ 音声を聞き、英語の言葉を言いかえて、文を読んでみましょう。 トラック9〜10

How do you spell your name?

R-I-O. Rio.

いいかえよう 人物の名前を表す英語

□Shibusawa Eiichi
(渋沢栄一《しぶさわえいいち》)

□Tsuda Umeko
(津田梅子《つだうめこ》)

□Natsume Soseki
(夏目漱石《なつめそうせき》)

□Higuchi Ichiyo
(樋口一葉《ひぐちいちよう》)

ワンポイント
「どうやって〜」はHow 〜?と言うよ。

これを知ったらワンダフル!
spell「つづる」は、go「行く」のような動作を表す言葉だよ。

学習日　月　日

ぴったりクイズ　答えはこのページの下にあるよ！

英語のロバートという名前の短縮形《たんしゅくけい》(短くした呼び方)は次のうちどれかな？
① Bob　② Bill　③ Ben

教科書　14〜23ページ

かきトリ　英語をなぞり、声に出してみましょう。

できたらチェック！　書く　話す

□渋沢栄一

Shibusawa Eiichi

□津田梅子

Tsuda Umeko

□夏目漱石

Natsume Soseki

□樋口一葉

Higuchi Ichiyo

□あなたはあなたの名前をどのようにつづりますか。

How do you spell your name?

□アー・アイ・オウ。リオです。

R-I-O. Rio.

ヒント

名前を書くときは、みょう字と名前の間を少しはなして書くよ。

▶読み方がわからないときは、左のページにもどって音声を聞いてみましょう。

やりトリ　自分はどう答えるかを書いて、声に出してみましょう。

できたらチェック！　書く　話す

How do you spell your name?

＿＿＿＿＿＿＿＿＿＿.

つたえるコツ

自分の名前の文字をはっきりとしっかり区切って言うと、相手によく伝わるよ。

▶あてはめる英語は、左のページや付録の小冊子《しょうさっし》、教科書や辞書などから探《さが》してみましょう。

答える練習ができたら、次はだれかに質問《しつもん》してみよう！

ぴったりクイズの答え　①　②はWilliam(ウィリアム)、③はBenjamin(ベンジャミン)の短縮形だよ。

ぴったり3
確かめのテスト

Lesson 1－① Hello, everyone.

時間 30 分
／100
合格 80 点

教科書 14～23ページ　答え 2ページ

1 音声の内容《ないよう》に合う名前を下の㋐～㋒から選び、(　　)に記号を書きましょう。　トラック11

技能　1問10点(20点)

㋐ Sophia　　㋑ Satoru　　㋒ Andy

(1) (　　　　)　(2) (　　　　)

2 音声を聞き、それぞれの人物のあいさつと好きな動物を、線で結びましょう。　トラック12

技能　1問完答10点(30点)

(1)

(2)

(3)

さようなら。

やあ[こんにちは]。

おはよう[ございます]。

こんにちは。(ていねいに)

ふりかえり　**2**がわからないときは、8ページにもどって確認《かくにん》しよう。

3

日本文に合う英語の文になるように、［　　］の中から語句《ごく》を選んで［　　］に書き、文全体をなぞりましょう。文の最初の文字は大文字で書きましょう。

1つ5点（20点）

(1) こんにちは。わたしの名前はタナカリオです。

［　　］.

［　　］ is Tanaka Rio.

(2) わたしはイヌが好きです。

I ［　　］ ［　　］.

like　　my name　　dogs　　hello

4

ダニエルとサクラが話をしています。日本文に合う英語の文を、［　　］の中から選んで［　　］に書きましょう。

思考・判断・表現　1問10点（30点）

Daniel

(1) わたしの名前はダニエルです。

Sakura

(2) あなたはあなたの名前をどのようにつづりますか。

Daniel

(3) ディー・エイ・エヌ・アイ・イー・エル。ダニエルです。

How do you spell your name?　　D-A-N-I-E-L. Daniel.

My name is Daniel.

ぴったり1 準備

3分でまとめ

Lesson 1
Hello, everyone. ③

学習日　　月　　日

めあて
相手の好きなものをたずねたり、自分が好きなものを答えたりできる。

教科書　14～23ページ

好きなもののたずね方 / 答え方

ききトリ 音声を聞き、声に出してみましょう。　トラック13～14

せつめい

たずねる What ～ do you like?で、「あなたは何の～が好きですか。」とたずねることができます。「～」にはsport(スポーツ)、color(色)などが入ります。

こたえる I like ～.で「わたしは～が好きです。」と答えることができます。「～」には、聞かれたものの種類に合わせた言葉が入ります。

ききトリ 音声を聞き、英語の言葉を言いかえて、文を読んでみましょう。　トラック15～18

What sport do you like?

I like soccer.

いいかえよう　sport(スポーツ)を表す英語

□baseball(野球)

□basketball(バスケットボール)

□tennis(テニス)

□volleyball(バレーボール)

□badminton(バドミントン)

□*Kendo*(剣道《けんどう》)

□table tennis(卓球《たっきゅう》)

□swimming(水泳)

ワンポイント

“What”と“do”の間にsport「スポーツ」やcolor「色」などの言葉を入れると、何について好きなのかをたずねることができるね。

What color do you like?

I like red.

いいかえよう　color(色)を表す英語

□blue(青色)

□yellow(黄色)

□orange(オレンジ色)

□green(緑色)

□black(黒色)

□white(白色)

□purple(むらさき色)

□pink(ピンク色)

これを知ったらワンダフル!

What sports do you like?とsportに“s”を付けて複数形《ふくすうけい》でたずねることもできるよ。その場合は、答えが１つじゃないことも考えて、たずねているよ。

相手の答えに「わたしもです。」と言いたいとき

Me too.

小冊子《しょうさっし》のp.6～9で、もっと言葉や表現を学ぼう！

ぴったり2

練習

学習日　　月　　日

？ぴったりクイズ 答えはこのページの下にあるよ！

アメリカで２月に行われるスポーツの最大イベント、スーパーボウルとは、何のスポーツの優勝《ゆうしょう》決定戦かな？

教科書　14〜23 ページ

かきトリ　英語をなぞり、声に出してみましょう。

できたらチェック！　書く　話す

□野球
baseball

□バスケットボール
basketball

□テニス
tennis

□青色
blue

□黄色
yellow

□オレンジ色
orange

ヒント
baseball や basketball は、それぞれ base や basket と ball をくっつけて書くように注意しよう。

□あなたは何のスポーツが好きですか。
What sport do you like?

□わたしはサッカーが好きです。
I like soccer.

□わたしもです。
Me too.

□あなたは何色が好きですか。
What color do you like?

□わたしは赤色が好きです。
I like red.

▶読み方がわからないときは、左のページにもどって音声を聞いてみましょう。

やりトリ　自分はどう答えるかを書いて、声に出してみましょう。

できたらチェック！　書く　話す

What sport do you like?

I like ＿＿＿＿＿＿＿＿.

つたえるコツ
自分の好きなスポーツが何かを伝えたいので、好きなスポーツの名前を強くはっきり言うよ。

▶あてはめる英語は、左のページや付録の小冊子、教科書や辞書などから探《さが》してみましょう。

答える練習ができたら、次はだれかに質問《しつもん》してみよう！

ぴったりクイズの答え　アメリカンフットボールだよ。アメリカ人に最も人気のあるスポーツがアメリカンフットボールなんだ。

ぴったり1

準備

Lesson 1 Hello, everyone. ④

学習日　　月　　日

めあて
相手の好きなものをたずねたり、自分が好きなものを答えたりできる。

教科書 14～23ページ

好きなもののたずね方 / 答え方

ききトリ 音声を聞き、英語の言葉を言いかえて、文を読んでみましょう。 トラック19～24

What food do you like?

I like **pizza**.

いいかえよう food(食べ物)を表す英語

□sandwiches（サンドイッチ）

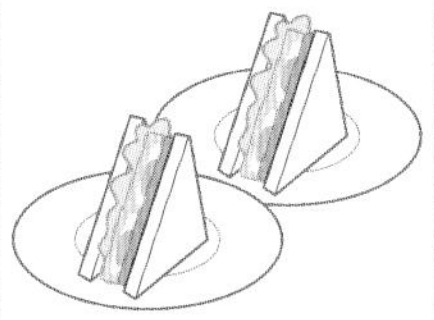

□hamburgers（ハンバーガー）

□spaghetti（スパゲッティ）

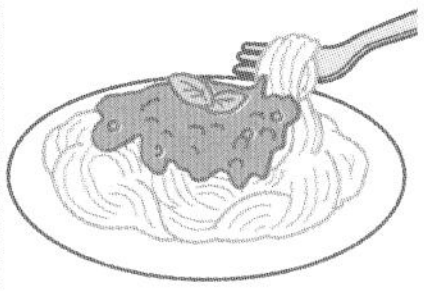

□*sushi*(すし)

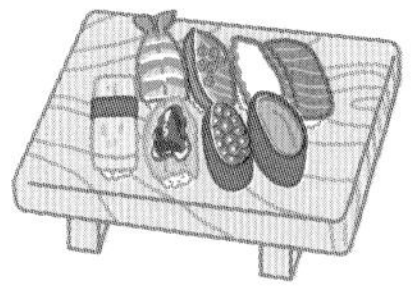

□hot dogs（ホットドッグ）
□fried chicken（フライドチキン）
□curry and rice（カレーライス）
□rice balls（おにぎり）

ワンポイント
「大好き」と言いたい場合は、likeをloveにすると本当に好きだっていう気持ちが伝わるよ。

What fruit do you like?

I like **apples**.

いいかえよう fruit(くだもの)を表す英語

□strawberries(イチゴ)

□bananas(バナナ)

□melons(メロン)

□peaches(モモ)

□oranges(オレンジ)
□grapes(ブドウ)
□watermelons(スイカ)
□mangoes(マンゴー)

これを知ったらワンダフル!
好きなくだものや野菜の名前を言うときは最後に“s”や“es”をつけて複数形《ふくすうけい》にするよ。そうすることで、その種類のもの全部が好きという意味になるよ。

What vegetable do you like?

I like **carrots**.

いいかえよう vegetable(野菜)を表す英語

□tomatoes(トマト)

□potatoes（ジャガイモ）

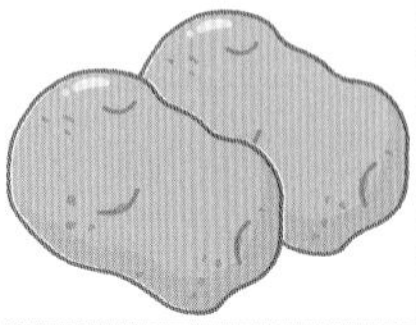

□broccoli（ブロッコリー）

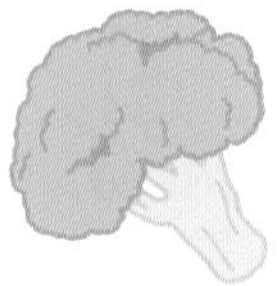

□cucumbers（キュウリ）

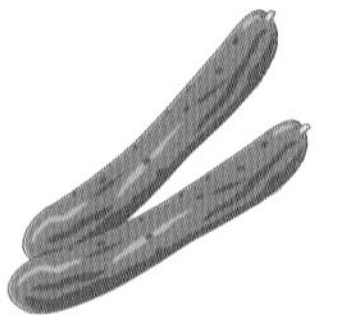

□cabbage（キャベツ）
□corn（トウモロコシ）
□spinach（ホウレンソウ）
□onions（タマネギ）

これを知ったらワンダフル!
英語で「数えられない」言葉とされている野菜には、“s”や“es”をつけないよ。

▶小冊子《しょうさっし》のp.10～15で、もっと言葉や表現を学ぼう！

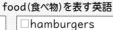

ぴったり2

練習

学習日　　月　　日

?ぴったりクイズ　答えはこのページの下にあるよ！

アメリカ人の国民的料理は何かな？
① スパゲッティ　② バーベキュー　③ シチュー

教科書　14～23 ページ

かきトリ　英語をなぞり、声に出してみましょう。

できたらチェック！　書く　話す

□サンドイッチ
sandwiches

□ハンバーガー
hamburgers

□バナナ
bananas

□メロン
melons

□トマト
tomatoes

□ジャガイモ
potatoes

ヒント
pizza は z が 2 回続いて、apple は p が 2 回続くことに注意しよう。

□あなたは何の食べ物が好きですか。
What food do you like?

□わたしはピザが好きです。
I like pizza.

□あなたは何のくだものが好きですか。
What fruit do you like?

□わたしはリンゴが好きです。
I like apples.

▶読み方がわからないときは、左のページにもどって音声を聞いてみましょう。

やりトリ　自分はどう答えるかを書いて、声に出してみましょう。

できたらチェック！　書く　話す

What food do you like?

I like ＿＿＿＿＿＿.

つたえるコツ
What ～?の文を発音するときは、文の最後を下げて言おう。

▶あてはめる英語は、左のページや付録の小冊子、教科書や辞書などから探《さが》してみましょう。

答える練習ができたら、次はだれかに質問《しつもん》してみよう！

ぴったりクイズの答え　②　①はイタリア、③はフランスの国民的料理だよ。

ぴったり3 確かめのテスト

Lesson 1－②
Hello, everyone.

時間 30 分

／100

合格 80 点

教科書 14～23ページ　答え 3ページ

1

音声を聞き、内容《ないよう》に合う絵を下の㋐～㋒から選び、（　　）に記号を書きましょう。

トラック25

技能　1問10点（20点）

㋐

㋑

㋒

(1) (　　　　)　(2) (　　　　)

2

シンヤ、アカネ、ケンの3人それぞれに、先生が質問《しつもん》しました。3人それぞれが答えた内容に合う絵を線で結びましょう。

トラック26

技能　1問10点（30点）

(1)

(2)

(3)

ふりかえり　❷がわからないときは、14ページにもどって確認《かくにん》しよう。

学習日　　月　　日

3 日本文に合う英語の文になるように、［　　］の中から語を選んで［　　］に書き、文全体をなぞりましょう。文の最初の文字は大文字で書きましょう。

1つ4点(20点)

(1) あなたは何のくだものが好きですか。

＿＿＿ ＿＿＿ do you like?

(2) わたしはモモが好きです。

I ＿＿＿ ＿＿＿.

(3) わたしもです。

Me ＿＿＿.

like　　fruit　　too　　what　　peaches

4 エマが3つの質問をされて答えています。それぞれの答えの文に合う質問文を［　　］の中から選んで［　　］に書きましょう。それぞれの文は1回しか使えません。

思考・判断・表現　1問10点(30点)

Emma

(1) ＿＿＿

— I like volleyball.

(2) ＿＿＿

— I like potatoes.

(3) ＿＿＿

— I like *sushi*.

What food do you like?　　What sport do you like?

What vegetable do you like?

ぴったり1 準備

Lesson 1 Hello, everyone. ⑤

3分でまとめ

学習日　　月　　日

めあて
相手のほしいものをたずねたり、自分のほしいものを答えたりすることができる。

教科書　14～23 ページ

ほしいもののたずね方 / 答え方

ききトリ 音声を聞き、声に出してみましょう。　トラック27～28

What《(フ)ワット》 do《ドゥ》 you《ユー》 want《ワ(ー)ント》?
あなたは何がほしいですか。

I《アイ》 want《ワ(ー)ント》 a《ア》 new《ヌー》 shirt《シャート》.
わたしは新しいシャツがほしいです。

せつめい

たずねる What do you want?で、「あなたは何がほしいですか。」と相手のほしいものをたずねることができます。

こたえる 自分がほしいものは、I want ～.で「わたしは～がほしいです。」と伝えることができます。「～」には自分のほしいものの言葉が入ります。

ききトリ 音声を聞き、英語の言葉を言いかえて、文を読んでみましょう。　トラック29～32

What do you want?　I want a new **shirt**.

いいかえよう 身の回りのもの・衣類・文房具などを表す英語

□racket(ラケット)

□watch(うで時計)

□sweater(セーター)

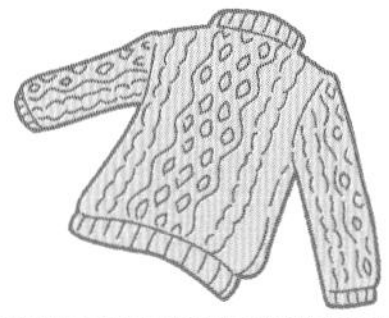

□pencil case(筆箱)

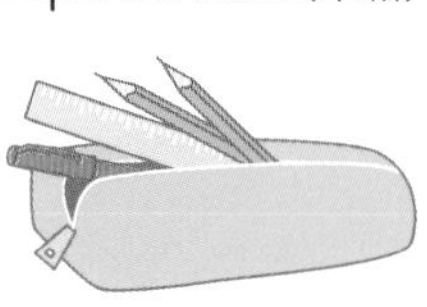

□bat(バット)
□ball(ボール)
□smartphone(スマートフォン)
□computer(コンピューター)
□hat(ぼうし〔つばのある〕)
□uniform(制服《せいふく》)
□bag(かばん)
□umbrella(かさ)

ワンポイント
newやbigなど状態《じょうたい》や様子を表す言葉は、ものを表す言葉の前に入れるんだね。

I want a **new** shirt.

いいかえよう 状態・様子などを表す英語

□nice(よい、りっぱな)

□big(大きい)

□long(長い)

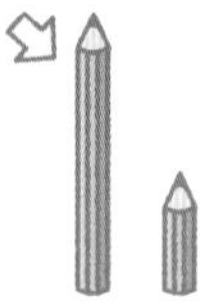

□cool(かっこいい)
□small(小さい)
□short(短い)

これを知ったらワンダフル!
"a"は数が1つあることを表す言葉だよ。2つ以上あるときは"a"がなくなるよ。

ぴったり2

練習

学習日　月　日

?ぴったりクイズ 答えはこのページの下にあるよ！

ラケットはアラビア語のある言葉が元になってできた言葉だよ。ある言葉とは何かな？　① フライパン　② ざる　③ 手のひら

教科書　14～23ページ

かきトリ　英語をなぞり、声に出してみましょう。

できたらチェック！　書く　話す

□ラケット
racket

□うで時計
watch

□セーター
sweater

□筆箱
pencil case

□よい、りっぱな
nice

□大きい
big

□小さい
small

□長い
long

□短い
short

□あなたは何がほしいですか。
What do you want?

□わたしは新しいシャツがほしいです。
I want a new shirt.

ヒント
セーターは、[ス**ウェ**タァ]のように発音するよ。[**ウェ**]の部分のつづりもsweaterとなるっているよ。

▶読み方がわからないときは、左のページにもどって音声を聞いてみましょう。

やりトリ　自分はどう答えるかを書いて、声に出してみましょう。

できたらチェック！　書く　話す

What do you want?

I want a[an] ______.

つたえるコツ
What ～?の文を発音するときは、文の最後を下げて言おう。

▶あてはめる英語は、左のページや付録の小冊子《しょうさっし》、教科書や辞書などから探《さが》してみましょう。

答える練習ができたら、次はだれかに質問《しつもん》してみよう！

ぴったりクイズの答え
③　フランスに素手《すで》で行うテニスのような競技《きょうぎ》があって、手が痛《いた》くなるのでプロテクターを使うようになり、それをラケット（アラビア語の手のひら）と呼《よ》んだことに始まるよ。

ぴったり1 準備

Lesson 1
Hello, everyone. ⑥

学習日 月 日

めあて
「～が好きですか。」とたずねたり、それに答えたりすることができる。

教科書 14～23ページ

「～が好きですか。」というたずね方 / 答え方

ききトリ 音声を聞き、声に出してみましょう。 トラック33～34

Do《ドゥ》 you《ユー》 like《ライク》 tennis《テニス》?
あなたはテニスが好きですか。

Yes《イエス》, I《アイ》 do《ドゥー》.
はい、好きです。

No《ノウ》, I《アイ》 don't《ドウント》.
いいえ、好きではありません。

せつめい たずねる Do you like ～?で「あなたは～が好きですか。」とたずねることができます。「～」には、好きなもの(スポーツ・色など)を表す言葉が入ります。

こたえる 「はい、好きです。」と答えるときは、Yes, I do.と言います。「いいえ、好きではありません。」と答えるときは、No, I don't.と言います。

ききトリ 音声を聞き、英語の言葉を言いかえて、文を読んでみましょう。 トラック35～36

Do you like **tennis** ?

いいかえよう スポーツ・色・野菜・食べ物を表す英語

□badminton (バドミントン) 	□swimming(水泳) 	□*kendo*(剣道) 	□purple (むらさき色) 
□white(白色) 	□red(赤色) 	□carrots(ニンジン) 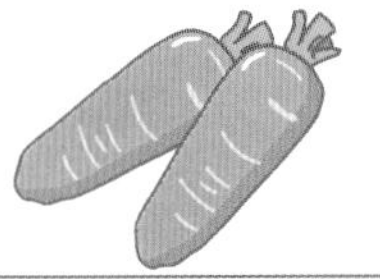	□corn(トウモロコシ) 
□spinach (ホウレンソウ) 	□ice cream (アイスクリーム) 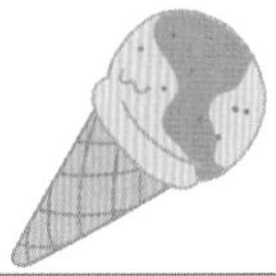	□pancakes (パンケーキ) 	□hot dogs (ホットドッグ) 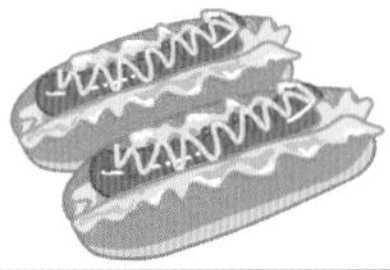

Yes, I do.

No, I don't.

ワンポイント
Do you likeと言ったあとにスポーツ・色・野菜・食べ物を表す言葉を言うよ。

これを知ったらワンダフル!
英語でDon't you ～?(～を好きではないの?)と聞かれたとき、「いいえ、好きです。」と答えるときはYes, I do.と言い、「はい、好きではありません。」と答えるときはNo, I don't.と言うよ。日本語と逆《ぎゃく》になるから注意しよう。

小冊子《しょうさつし》のp.6～15で、もっと言葉や表現を学ぼう!

ぴったり2

練習

学習日　　月　　日

?ぴったりクイズ 答えはこのページの下にあるよ！

ホットドッグは、中のソーセージが、あるイヌの形に似《に》ていたことからつけられた名前だよ。そのイヌは何かな？

教科書　14～23 ページ

かきトリ　英語をなぞり、声に出してみましょう。

できたらチェック！　書く □　話す □

□バドミントン
badminton

□水泳
swimming

□むらさき色
purple

□白色
white

□ニンジン
carrots

□トウモロコシ
corn

□アイスクリーム
ice cream

□パンケーキ
pancakes

□あなたはテニスが好きですか。
Do you like tennis?

□はい、好きです。
Yes, I do.

□いいえ、好きではありません。
No, I don't.

ヒント
swimming は m が 2 回、carrot は r が 2 回続くことに注意しよう。また、ice cream は ice と cream の間を少しはなして書くよ。

▶読み方がわからないときは、左のページにもどって音声を聞いてみましょう。

やりトリ　自分はどうたずねるかを書いて、声に出してみましょう。

できたらチェック！　書く □　話す □

Do you like ＿＿＿＿＿＿＿＿＿＿?

Yes, I do.

つたえるコツ
Do you like ～?でたずねるときは、文の最後を上げて言おう。

▶あてはめる英語は、左のページや付録の小冊子、教科書や辞書などから探《さが》してみましょう。

たずねる練習ができたら、次はだれかの質問《しつもん》に答えてみよう！

ぴったりクイズの答え　ダックスフントだよ。細長いところが似ているね！

ぴったり3

確かめのテスト

Lesson 1—③ Hello, everyone.

時間30分

／100

合格80点

教科書 14〜23ページ　答え 4ページ

1 音声を聞き、内容《ないよう》に合う絵を下の㋐〜㋒から選び、（　　）に記号を書きましょう。

トラック37

技能　1問10点（20点）

㋐

㋑
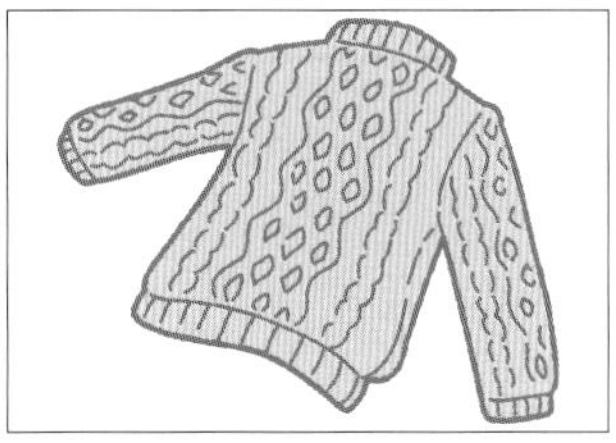

㋒
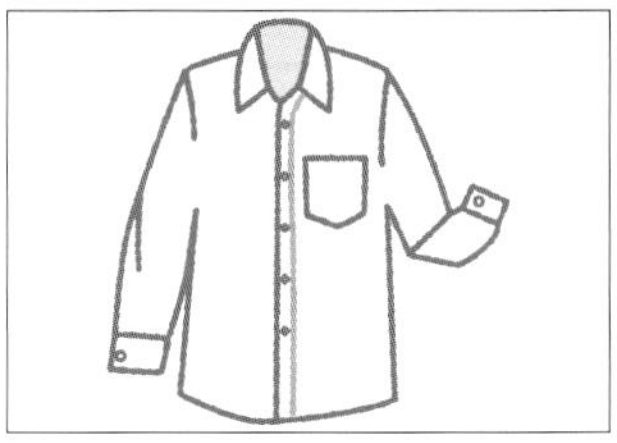

(1)（　　　　）　(2)（　　　　）

2 音声を聞き、内容に合う絵を、線で結びましょう。

トラック38

技能　1問10点（30点）

(1)

(2)

(3)

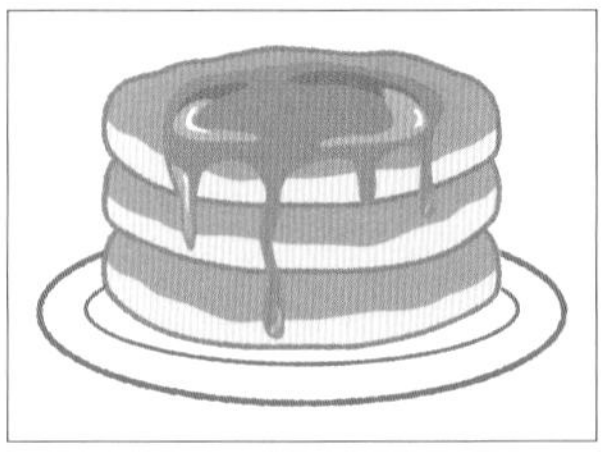

ふりかえり　**1**がわからないときは、20ページにもどって確認《かくにん》しよう。

3 日本文に合う英語の文になるように、［　］の中から語を選んで［　］に書き、文全体をなぞりましょう。文の最初の文字は大文字で書きましょう。

1つ5点(20点)

(1) あなたはむらさき色が好きですか。

［　　　］ you like ［　　　］?

(2) ((1)に答えて)いいえ、好きではありません。

［　　　］, I ［　　　］.

don't　　do　　purple　　no

4 アオイとリクが話をしています。日本文に合う英語の文を、［　］の中から選んで［　］に書きましょう。

思考・判断・表現　1問10点(30点)

Aoi

What do you want?

Riku

(1) アイスクリームがほしいです。

Aoi

(2) あなたはアイスクリームが好きですか。

Riku

(3) はい、好きです。

Do you like ice cream?　　I want ice cream.

Yes, I do.

ぴったり1 準備

3分でまとめ

Lesson 2 When is your special day? ①

学習日　　月　　日

めあて
相手の誕生《たんじょう》日《び》をたずねたり、自分の誕生日を答えたりすることできる。

教科書 24〜33ページ

誕生日のたずね方 / 答え方

ききトリ 音声を聞き、声に出してみましょう。 トラック39〜40

When《(フ)ウェン》 is《イズ》 your《ユア》 birthday《バースデイ》?
あなたの誕生日はいつですか。

My《マイ》 birthday《バースデイ》 is《イズ》 June《ヂューン》 5th《フィフス》.
わたしの誕生日は6月5日です。

せつめい

たずねる When is your birthday?で、「あなたの誕生日はいつですか。」と相手の誕生日をたずねることができます。

こたえる 自分の誕生日は、My birthday is ～.で「わたしの誕生日は～です。」と伝えることができます。「～」には自分の誕生日が入ります。日にちは**1st**(first)、**2nd**(second)、**3rd**(third)のように順番を表す数字を使います。7ページも確認しましょう。

ききトリ 音声を聞き、英語の言葉を言いかえて、文を読んでみましょう。 トラック41〜42

When is your birthday?

My birthday is **June** 5th.

いいかえよう 月を表す英語

□January(1月)

□February(2月)

□March(3月)

□April(4月)

□May(5月)

□June(6月)

□July(7月)

□August(8月)

□September(9月)

□October(10月)

□November(11月)

□December(12月)

ワンポイント
When ～?は「いつ」という意味で、日づけなどをたずねるときに使うよ。

これを知ったらワンダフル!
月の名前はJan.のように、初めの3文字にピリオド(.)をつけて表すことも多いよ。ただし、May、June、Julyはもともと文字数が少ないので、ピリオドをつけずにそのまま表すよ。Septemberだけは、4文字でSept.になるよ。

学習日　　月　　日

?ぴったりクイズ 答えはこのページの下にあるよ！

アメリカという国が誕生したのは何月何日かな？
① 7月4日　② 10月31日　③ 12月25日

教科書 24～33ページ

かきトリ 英語をなぞり、声に出してみましょう。

できたらチェック！ 書く 話す

□１月 January
□２月 February
□３月 March
□４月 April
□５月 May
□６月 June
□７月 July
□８月 August
□９月 September
□10月 October
□11月 November
□12月 December

ヒント 月の名前は、最初の文字を必ず大文字にするよ。

□あなたの誕生日はいつですか。
When is your birthday?

□わたしの誕生日は６月５日です。
My birthday is June 5th.

▶読み方がわからないときは、左のページにもどって音声を聞いてみましょう。

やりトリ 自分はどう答えるかを書いて、声に出してみましょう。

できたらチェック！ 書く 話す

When is your birthday?

My birthday is ＿＿＿＿＿＿＿＿.

つたえるコツ When ～?の文を発音するときは、文の最後を下げて言おう。

▶あてはめる英語は、左のページや付録の小冊子《しょうさっし》、教科書や辞書などから探《さが》してみましょう。

答える練習ができたら、次はだれかに質問《しつもん》してみよう！

ぴったりクイズの答え
① 7月4日は、アメリカの独立《どくりつ》記《き》念《ねん》日《び》だよ。イギリスからの独立宣言《どくりつせんげん》が公布された日で、建国記念日のようなものだよ。②はハロウィーンの日で、③はクリスマスの日だよ。

ぴったり1 準備

Lesson 2 When is your special day? ②

学習日　　月　　日

めあて
相手の特別な日をたずねたり、自分の特別な日を答えたりすることできる。

教科書　24～33ページ

特別な日のたずね方 / 答え方

ききトリ 音声を聞き、声に出してみましょう。　トラック43～44

When《(フ)ウェン》 is《イズ》 your《ユア》 special day《スペシャルデイ》?
あなたの特別な日はいつですか。

My《マイ》 special《スペシャル》 day《デイ》 is《イズ》 January《チャニュエリィ》 1st《ファースト》.
わたしの特別な日は1月1日です。

It's《イッツ》 New《ヌー》 Year's Day《イアズデイ》.
それは元日です。

せつめい

たずねる When is your special day?で、「あなたの特別な日はいつですか。」と相手の特別な日をたずねることができます。

こたえる 自分の特別な日は、My special day is ～.で「わたしの特別な日は～です。」と答えることができます。「～」には自分の特別な日が入ります。

ききトリ 音声を聞き、英語の言葉を言いかえて、文を読んでみましょう。　トラック45～46

When is your special day?

My special day is January 1st.

It's New Year's Day.

いいかえよう 行事を表す英語

□New Year's Day（元日）

□Valentine's Day（バレンタインデー）

□Doll Festival（ひなまつり）

□entrance ceremony（入学式）

□Children's Day（子どもの日）

□Star Festival（七夕）

□Sports Day（スポーツの日）

□Christmas（クリスマス）

ワンポイント
順番を表す単語で、一の位が1の数字は、11th以外は21stのように1stで終わり、一の位が2の数字は12th以外は2nd、一の位が3の数字は13th以外は3rdで終わるよ。

これを知ったらワンダフル！
卒業式はgraduation ceremony、学園祭はschool festival、修学旅行はschool trip、学芸会はschool playと言うよ。

ぴったり2

練習

学習日　　月　　日

?ぴったりクイズ 答えはこのページの下にあるよ！

アメリカで毎年11月の第４木曜日に行われる行事は何かな？

①　復活祭《ふっかつさい》　②　メモリアルデー　③　感謝祭《かんしゃさい》

教科書　24～33 ページ

かきトリ　英語をなぞり、声に出してみましょう。

できたらチェック！　書く　話す

□元日

New Year's Day

□ひなまつり

Doll Festival

□子どもの日

Children's Day

□七夕

Star Festival

□クリスマス

Christmas

ヒント

人の名前と同じように、行事の名前も、単語の最初の１文字を大文字で書くものもあるよ。

□あなたの特別な日はいつですか。

When is your special day?

□わたしの特別な日は１月１日です。

My special day is January 1st.

□それは元日です。

It's New Year's Day.

▶読み方がわからないときは、左のページにもどって音声を聞いてみましょう。

やりトリ　自分はどう答えるかを書いて、声に出してみましょう。

できたらチェック！　書く　話す

When is your special day?

つたえるコツ

When ～?でたずねるときは、文の最後を下げて言おう。

My special day is ＿＿＿＿＿＿＿＿.

It's ＿＿＿＿＿＿＿＿.

▶あてはめる英語は、左のページや付録の小冊《しょうさっ》子《し》、教科書や辞書などから探《さが》してみましょう。

答える練習ができたら、次はだれかに質問《しつもん》してみよう！

ぴったりクイズの答え　③　感謝祭は収穫《しゅうかく》を感謝する日だよ。①はイエス・キリストの復活を祝う日（春分直後の満月の次の日曜日）で、②は戦没者《せんぼつしゃ》を追悼《ついとう》する日（５月の最後の月曜日）だよ。

ぴったり3 確かめのテスト

Lesson 2
When is your special day?

時間 30 分

/100

合格 80 点

教科書 24〜33 ページ　答え 5 ページ

1 音声を聞き、内容《ないよう》に合う絵を下の㋐〜㋓から選び、(　　)に記号を書きましょう。

トラック47

技能　1問10点(20点)

㋐

㋑

㋒

㋓

(1) (　　　　)　(2) (　　　　)

2 音声を聞き、内容に合う絵を、線で結びましょう。

トラック48

技能　1問完答10点(30点)

(1)

(2)

(3)

ふりかえり　❶がわからないときは、26ページにもどって確認《かくにん》しよう。

3 日本文に合う英語の文になるように、[　　]の中から語を選んで[　　]に書き、文全体をなぞりましょう。文の最初の文字は大文字で書きましょう。

1つ5点(20点)

(1) あなたの誕生《たんじょう》日《び》はいつですか。

[　　] is your birthday?

(2) わたしの誕生日は10月20日です。

[　　] birthday is [　　] [　　].

October　my　20th　when

4 絵の中の男の子になったつもりで質問《しつもん》に答えましょう。[　　]の中から正しい英語の文を選んで[　　]に書き、文全体をなぞりましょう。

思考・判断・表現　1つ10点(30点)

(1) When is your birthday?

(2) When is your special day?

It's [　　].

My special day is January 1st.

My birthday is April 5th.　New Year's Day

ぴったり1 準備

3分でまとめ

Lesson 3 What do you have on Mondays? ①

学習日 月 日

めあて

自分の好きな教科を伝え、相手がその教科を好きかどうかをたずねることができる。

教科書 34～43ページ

自分の好きな教科の伝え方と、相手が好きかどうかのたずね方

ききトリ 音声を聞き、声に出してみましょう。 トラック49～50

Do《ドゥ》 you《ユー》 like《ライク》 math《マス》?
あなたは算数が好きですか。

Yes《イェス》, I《アイ》 do《ドゥー》.
はい、好きです。
I《アイ》 like《ライク》 math《マス》.
わたしは算数が好きです。

No《ノウ》, I《アイ》 don't《ドウント》.
いいえ、好きではありません。

せつめい

たずねる 「あなたは～が好きですか。」とたずねるときは、Do you like ～?と言います。「～」に教科を表す言葉を入れると、好きな教科について伝えたり、たずねたりできます。

こたえる 「はい、好きです。」と答えるときは、Yes, I do.と言います。「わたしは～が好きです。」はI like ～.と言います。「いいえ、好きではありません。」と答えるときは、No, I don't.と言います。

ききトリ 音声を聞き、英語の言葉を言いかえて、文を読んでみましょう。 トラック51～52

Do you like math ?

いいかえよう 教科を表す英語

□English(英語)

□Japanese(国語)

□science(理科)

□social studies(社会)

□music(音楽)

□P.E.(体育)

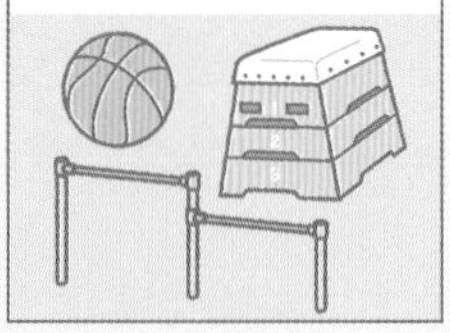

□home economics(家庭科)

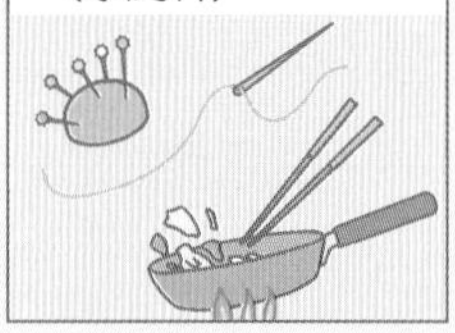

□arts and crafts(図画工作)

Yes, I do.
I like math.

No, I don't.

ワンポイント

日本の「国語」は日本語だからJapaneseになるんだよ。アメリカやイギリスなどは英語が「国語」になるよ。

これを知ったらワンダフル!

P.E.はphysical educationを略《りゃく》したものだよ。それぞれの単語の最初の文字を取っているよ。physicalは「体の」という意味で、educationは「教育」という意味だよ。

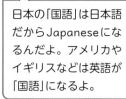

ぴったり2 練習

学習日　　月　　日

? ぴったりクイズ　答えはこのページの下にあるよ！

日本の小学校では行われている授業で、アメリカの小学校ではほとんど行われていないものはどれかな？答えは１つとは限《かぎ》らないよ。

①　家庭科　　②　道徳《どうとく》　　③　水泳

教科書　34～43 ページ

かきトリ　英語をなぞり、声に出してみましょう。

できたらチェック！　書く　話す

□英語
English

□国語
Japanese

□理科
science

□社会
social studies

□家庭科
home economics

□音楽
music

□体育
P.E.

□図画工作
arts and crafts

□あなたは算数が好きですか。
Do you like math?

ヒント
"P.E."はピリオド(.)をつけるのを忘《わす》れないようにしよう。

□はい、好きです。わたしは算数が好きです。
Yes, I do. I like math.

□いいえ、好きではありません。
No, I don't.

▶読み方がわからないときは、左のページにもどって音声を聞いてみましょう。

やりトリ　自分はどうたずねるかを書いて、声に出してみましょう。

できたらチェック！　書く　話す

Do you like ＿＿＿＿＿＿＿＿＿＿?

Yes, I do.

つたえるコツ
ある教科が好きかどうかをたずねるので、likeのあとに入れる教科をはっきりと大きく言おう。

▶あてはめる英語は、左のページや付録の小冊子《しょうさっし》、教科書や辞書などから探《さが》してみましょう。

たずねる練習ができたら、次はだれかの質問《しつもん》に答えてみよう！

ぴったりクイズの答え　①②③　全部が正解だよ。この中で家庭科だけは、中学校や高校で選べば学べるよ。

ぴったり1 準備

Lesson 3 What do you have on Mondays? ②

学習日　月　日

めあて
何になりたいかたずねたり、答えたりすることができる。

教科書　34〜43ページ

なりたいもののたずね方 / 答え方

ききトリ 音声を聞き、声に出してみましょう。　トラック53〜54

What《(フ)ワット》 do《ドゥ》 you《ユー》 want《ワ(ー)ント》 to《トゥ》 be《ビー》?
あなたは何になりたいですか。

I《アイ》 want《ワ(ー)ント》 to《トゥ》 be《ビー》 a《ア》 pilot《パイロット》.
わたしはパイロットになりたいです。

せつめい

たずねる 「あなたは何になりたいですか。」とたずねるときは、What do you want to be?と言います。beは「〜になる」という意味です。

こたえる 「わたしは〜になりたいです。」と答えるときは、I want to be a[an] 〜.と言います。「〜」にはなりたいものが入ります。

ききトリ 音声を聞き、英語の言葉を言いかえて、文を読んでみましょう。　トラック55〜56

What do you want to be?

I want to be **a pilot**.

いいかえよう 職業《しょくぎょう》を表す英語

□a nurse(看護師《かんごし》)

□a cook(料理人)

□an astronaut(宇宙飛行士《うちゅうひこうし》)

□an actor(俳優《はいゆう》)

□a doctor(医師《いし》)

□a game creator
(ゲームクリエイター)

□a soccer player(サッカー選手)

□a teacher(先生)

□a firefighter(消防士《しょうぼうし》)

ワンポイント
母音(ア・イ・ウ・エ・オのどれかの発音)で始まる職業(astronautやactor)は“a”ではなくて“an”を使うよ。

これを知ったらワンダフル!
“a”は数が1つであることを表す言葉だよ。「ひとりのパイロット(になりたい)」という意味だから、pilotの前に“a”がついているんだよ。

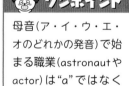

ぴったり2
練習

学習日　　月　　日

?ぴったりクイズ 答えはこのページの下にあるよ！

1969年に人類で、初めて月に降《お》り立ったアメリカの宇宙飛行士はだれかな？
① ジョージ・ワシントン　② ニール・アームストロング
③ アルベルト・アインシュタイン

教科書　34～43ページ

かきトリ 英語をなぞり、声に出してみましょう。

できたらチェック！ 書く □ 話す □

□看護師
a nurse

□医師
a doctor

□宇宙飛行士
an astronaut

□俳優
an actor

□料理人
a cook

□ゲームクリエイター
a game creator

□サッカー選手
a soccer player

ヒント
game creator、soccer player は それぞれ２つの単語の間を少しはなして書くよ。

□先生
a teacher

□消防士
a firefighter

□あなたは何になりたいですか。
What do you want to be?

□わたしはパイロットになりたいです。
I want to be a pilot.

▶読み方がわからないときは、左のページにもどって音声を聞いてみましょう。

やりトリ 自分はどう答えるかを書いて、声に出してみましょう。

できたらチェック！ 書く □ 話す □

What do you want to be?

つたえるコツ
職業を表す言葉を大きくはっきりと言おう。何になりたいのか、相手によく伝わるよ。

I want to be a[an] ＿＿＿＿＿＿＿＿.

▶あてはめる英語は、左のページや付録の小冊子《しょうさっし》、教科書や辞書などから探《さが》してみましょう。

答える練習ができたら、次はだれかに質問《しつもん》してみよう！

ぴったりクイズの答え ②　①は政治家《せいじか》で、③は物理学者だよ。

ぴったり1 準備

Lesson 3
What do you have on Mondays? ③

学習日　月　日

めあて
時間割《じかんわり》をたずねたり、答えたりすることができる。

教科書 34～43ページ

ある曜日に何の教科があるかのたずね方 / 答え方

ききトリ 音声を聞き、声に出してみましょう。　トラック57～58

What《(フ)ワット》 do《ドゥ》 you《ユー》 have《ハヴ》 on《ア(ー)ン》 Wednesdays《ウェンズデイズ》?
あなたは水曜日に何がありますか。

I《アイ》 have《ハヴ》 math《マス》, English《イングリッシ》, music《ミューズィック》, and《アンド》 science《サイエンス》.
わたしは算数、英語、音楽、そして理科があります。

せつめい

たずねる 「あなたは～曜日に何がありますか。」とたずねるときは、What do you have on ～? と言います。「～」には曜日が入ります。

こたえる 「わたしは～があります。」と答えるときは、I have ～. と言います。「～」には教科の名前が入ります。

ききトリ 音声を聞き、英語の言葉を言いかえて、文を読んでみましょう。　トラック59～60

What do you have on **Wednesdays**?

いいかえよう 曜日を表す英語

□Mondays
（月曜日）

□Tuesdays
（火曜日）

□Wednesdays
（水曜日）

□Thursdays
（木曜日）

□Fridays
（金曜日）

□Saturdays
（土曜日）

□Sundays
（日曜日）

ワンポイント
Wednesdaysの前にonをつけることに気をつけよう。on ～は「～に」という意味だよ。

これを知ったらワンダフル!
毎週水曜日と言うときはWednesdayのあとに“s”をつけて複数形《ふくすうけい》にするよ。1回の水曜日だけではなくて、毎回の水曜日なので複数形にするんだよ。

I have math, English, music, and science.

ぴったり2
練習

学習日 月 日

?ぴったりクイズ 答えはこのページの下にあるよ！

Thursday(木曜日)に関係のある惑星《わくせい》は次のうちどれかな？
① Jupiter(ジュピター) ② Mars(マーズ) ③ Venus(ヴィーナス)

教科書 34〜43 ページ

かきトリ 英語をなぞり、声に出してみましょう。

できたらチェック！ 書く 話す

□日曜日 Sundays
□月曜日 Mondays
□火曜日 Tuesdays
□水曜日 Wednesdays
□木曜日 Thursdays
□金曜日 Fridays
□土曜日 Saturdays

ヒント
曜日は最初の文字を必ず大文字にするよ。

□あなたは水曜日に何がありますか。
What do you have on Wednesdays?

□わたしは算数、英語、音楽、そして理科があります。
I have math, English, music, and science.

▶読み方がわからないときは、左のページにもどって音声を聞いてみましょう。

やりトリ 自分はどうたずねるかを書いて、声に出してみましょう。

できたらチェック！ 書く 話す

What do you have on ____________?

I have math, English, music, and science.

つたえるコツ
曜日を表す言葉を大きくはっきりと言おう。何曜日のことをたずねているのか、相手によく伝わるよ。

▶あてはめる英語は、左のページや付録の小冊子《しょうさっし》、教科書や辞書などから探《さが》してみましょう。

たずねる練習ができたら、次はだれかの質問《しつもん》に答えてみよう！

ぴったりクイズの答え ① ①は木星、②は火星で、③は金星だよ。

Lesson 3
What do you have on Mondays?

時間 30 分

／100

合格 80 点

教科書 34～43ページ　答え 6ページ

1 音声を聞き、内容《ないよう》に合う絵を下の㋐～㋒から選び、(　　)に記号を書きましょう。

トラック61

技能　1問10点(20点)

㋐

㋑

㋒

(1) (　　　　)　(2) (　　　　)

2 音声を聞き、内容に合う絵を、線で結びましょう。

トラック62

技能　1問10点(30点)

(1)

(2)

(3)

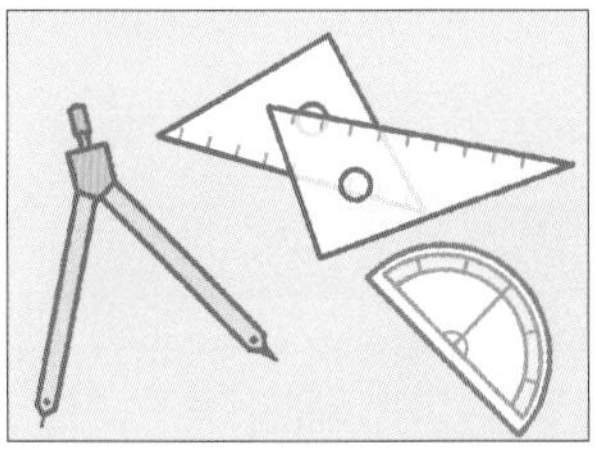

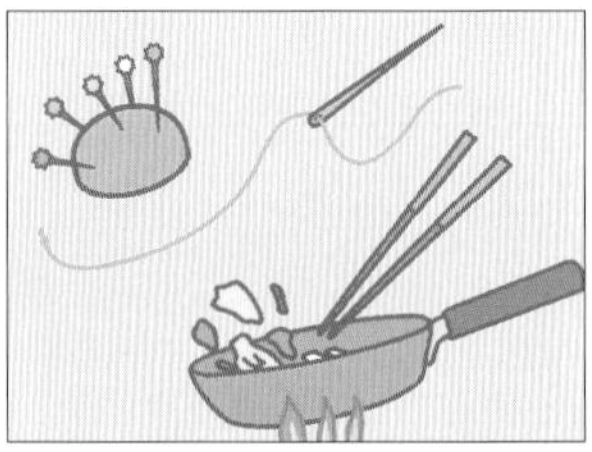

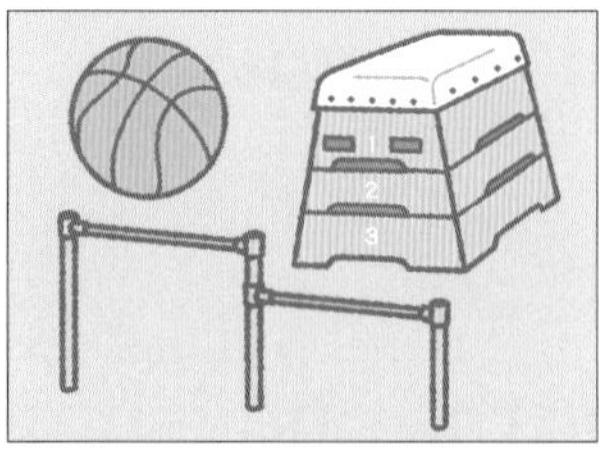

ふりかえり　1がわからないときは、36ページにもどって確認《かくにん》しよう。

この本の終わりにある「夏のチャレンジテスト」をやってみよう！

3

日本文に合う英語の文になるように、□の中から語句《ごく》を選んで□に書き、文全体をなぞりましょう。２回使うものもあります。文の最初の文字は大文字で書きましょう。

1つ4点（32点）

(1) あなたは何になりたいですか。

□ do you want □?

(2) わたしは料理人になりたいです。

I want □ a □.

(3) あなたは金曜日に何がありますか。

□ do you have on □?

(4) わたしは英語と理科があります。

I have □ and □.

science　to be　cook　what　Fridays　English

4

絵の中の女の子になったつもりで、質問《しつもん》に答えましょう。□の中から正しい語句を選んで□に書き、文全体をなぞりましょう。

思考・判断・表現　1問9点（18点）

(1) What do you want to be?

I want □.

(2) What do you have on Mondays?

I have Japanese, English,
science, and □.

to be a nurse　to be a cook　social studies　music　math

ぴったり1 準備

3分でまとめ

Lesson 4 I can draw pictures well. ①

学習日 月 日

めあて
自分ができること、できないことを伝えることができる。

教科書 50〜59ページ

自分ができること、できないことの伝え方

ききトリ 音声を聞き、声に出してみましょう。 トラック63〜64

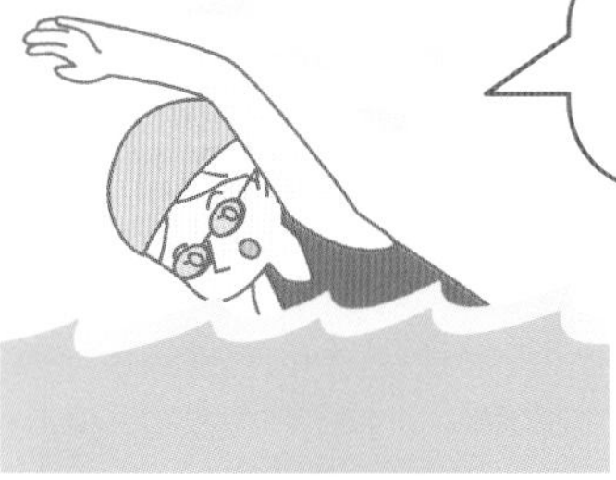

I《アイ》 can《キャン》 swim《スウィム》.
わたしは泳ぐことができます。

I《アイ》 can't《キャント》 play《プレイ》 tennis《テニス》.
わたしはテニスをすることができません。

せつめい つたえる I can ～.で、「わたしは～することができます。」と自分ができることを伝えることができます。「～」には、自分ができることを入れます。I can't ～.で「わたしは～することができません。」と自分ができないことを伝えることができます。「～」には、自分ができないことを入れます。

ききトリ 音声を聞き、英語の言葉を言いかえて、文を読んでみましょう。 トラック65〜68

I can **swim**.

いいかえよう 動作を表す英語

□walk(歩く)

□run(走る)

□dance(おどる)

□sing(歌う)

□ski(スキーをする)

□skate(スケートをする)

ワンポイント
dance、ski、skateはそれぞれ「ダンス」、「スキー」、「スケート」という「～をする」がつかない意味もあるよ。

I can't **play tennis**.

いいかえよう 動作を表す英語

□do *judo*(柔道《じゅうどう》をする)

□play volleyball (バレーボールをする)

□play badminton (バドミントンをする)

□play rugby (ラグビーをする)

これを知ったらワンダフル!
「柔道をする」や「剣道《けんどう》をする」はplayを使わずにdoを使うよ。格《かく》闘《とう》技《ぎ》やボールを使わないスポーツはdoを使うことが多いよ。

小冊子《しょうさっし》のp.24〜25で、もっと言葉や表現を学ぼう！

練習

学習日　　月　　日

ぴったりクイズ 答えはこのページの下にあるよ！

2008年の大統領選《だいとうりょうせん》で勝利したオバマ大統領の選挙中の合言葉は何かな？

① Yes, I do.　② Yes, we can.　③ Yes, you have.

教科書 50～59ページ

かきトリ　英語をなぞり、声に出してみましょう。

できたらチェック！　書く　話す

□泳ぐ swim

□歩く walk

□走る run

□おどる dance

□歌う sing

□スキーをする ski

□スケートをする skate

□柔道をする do judo

□バレーボールをする play volleyball

□バドミントンをする play badminton

ヒント

can't と書くときは n と t の間の「'」を忘れずにつけようね。can't は cannot を短くした形だよ。

□わたしは泳ぐことができます。

I can swim.

□わたしはテニスをすることができません。

I can't play tennis.

▶読み方がわからないときは、左のページにもどって音声を聞いてみましょう。

やりトリ　自分ならどう伝えるかを書いて、声に出してみましょう。

できたらチェック！　書く　話す

I can ＿＿＿＿＿＿.

I can't ＿＿＿＿＿＿.

つたえるコツ

I can ～.と言うときは"I"を強く、I can't ～.のときは"can't"を強く大きく発音しよう。

▶あてはめる英語は、左のページや付録の小冊子、教科書や辞書などから探《さが》してみましょう。

練習ができたら、次はだれかに伝えてみよう！

ぴったりクイズの答え　②　この言葉は、勝利したあとの勝利演説《えんぜつ》のタイトルにもなったよ。

ぴったり1 準備

Lesson 4 I can draw pictures well. ②

学習日　　月　　日

めあて
彼《かれ》ができること、できないことを伝えることができる。

教科書　50～59ページ

彼ができること、できないことの伝え方

ききトリ 音声を聞き、声に出してみましょう。　トラック69～70

He《ヒー》 can《キャン》 cook《クック》.
彼は料理をすることができます。

He《ヒー》 can't《キャント》 play《プレイ》 *kendama*《ケンダマ》.
彼はけん玉をすることができません。

せつめい **つたえる** He can ～.で、「彼は～することができます。」と彼ができることを伝えることができます。「～」には、その人ができることを入れます。He can't ～.で「彼は～することができません。」と彼ができないことを伝えることができます。「～」には、その人ができないことを入れます。

ききトリ 音声を聞き、英語の言葉を言いかえて、文を読んでみましょう。　トラック71～74

He can **cook**.

いいかえよう 動作を表す英語

□clean（そうじをする）

□smile（ほほえむ）

□study（勉強をする）

□read（読む）

□write（書く）

□help（助ける）

ワンポイント
canやcan'tのすぐあとに動作を表す言葉がくるよ。

これを知ったらワンダフル！
例えばread a bookのように動作を表す言葉のあとに、ものの名前がくることもあるよ。
（例：study English、write a letterなど）

He can't **play *kendama***.

いいかえよう 動作・遊びを表す英語

□play *shogi*
（将棋《しょうぎ》をする）

□play baseball
（野球をする）

□do *kendo*
（剣道《けんどう》をする）

□speak Chinese
（中国語を話す）

小冊子《しょうさっし》のp.24～25で、もっと言葉や表現を学ぼう！

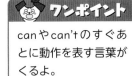

ぴったり2
練習

学習日　　月　　日

?ぴったりクイズ 答えはこのページの下にあるよ！

1997年にIBMというコンピューターの会社が開発したAIの“Deep Blue”が世界チャンピオンに勝つことができたゲームは何？

①　将棋《しょうぎ》　②　オセロ　③　チェス

教科書　50〜59ページ

かきトリ　英語をなぞり、声に出してみましょう。

できたらチェック！　書く□　話す□

□そうじをする
clean

□ほほえむ
smile

□勉強をする
study

□読む
read

□書く
write

□助ける
help

ヒント
smile や write の“i”はこの1文字で[アイ]と発音するよ。

□将棋をする
play shogi

□野球をする
play baseball

□剣道をする
do kendo

□彼は料理をすることができます。
He can cook.

□彼はけん玉をすることができません。
He can't play kendama.

▶読み方がわからないときは、左のページにもどって音声を聞いてみましょう。

やりトリ　身近な男性や男の子をしょうかいする文を書いて、声に出してみましょう。

できたらチェック！　書く□　話す□

He can ＿＿＿＿＿＿＿＿.

He can't ＿＿＿＿＿＿＿＿.

つたえるコツ
can'tと発音するときは最後の[t]の音がほとんど聞こえなくなるけれど、can'tのcanの部分を強く言うことで伝わるよ。

▶あてはめる英語は、左のページや付録の小冊子、教科書や辞書などから探《さが》してみましょう。

いろんな人に、身近な人をしょうかいしてみよう！

ぴったりクイズの答え　③　チェスだよ。AIと人間は将棋でも戦ったけれど、人間は勝てなかったんだ。

ぴったり1 準備

Lesson 4
I can draw pictures well. ③

学習日　　月　　日

めあて
彼女《かのじょ》ができること、できないことを伝えることができる。

教科書　50〜59ページ

彼女ができること、できないことの伝え方

ききトリ 音声を聞き、声に出してみましょう。　トラック75〜76

She《シー》 can《キャン》 swim《スウィム》 fast《ファスト》.
彼女は速く泳ぐことができます。

She《シー》 can't《キャント》 play《プレイ》 the《ザ》 piano《ピアノウ》.
彼女はピアノをひくことができません。

せつめい **つたえる** She can ～.で、「彼女は～することができます。」と彼女ができることを伝えることができます。「～」には、その人ができることを入れます。She can't ～.で「彼女は～することができません。」と彼女ができないことを伝えることができます。「～」には、その人ができないことを入れます。

ききトリ 音声を聞き、英語の言葉を言いかえて、文を読んでみましょう。　トラック77〜80

She can **swim fast**.

いいかえよう 動作を表す英語

- □run fast（速く走る）

- □sing well（うまく歌う）

- □dance well（うまくおどる）

- □jump high（高くジャンプする）

ワンポイント
fast（速く）やwell（うまく、じょうずに）という言葉は動作を表す言葉のあとにきて、その動作の様子を表すよ。

She can't **play the piano**.

いいかえよう 動作を表す英語

- □play the guitar（ギターをひく）

- □draw pictures（絵をかく）

- □jump rope（なわとびをする）

- □ride a unicycle（一輪車に乗る）

- □make a cake（ケーキを作る）

- □eat curry（カレーを食べる）

これを知ったらワンダフル！
a unicycleやa cake（カットしていないホールケーキ1つ）のように1つのものを言うときには"a"がつくよ。

小冊子《しょうさっし》のp.24〜25で、もっと言葉や表現を学ぼう！

練習

学習日　　月　　日

?ぴったりクイズ 答えはこのページの下にあるよ！

30年以上、金メダルの最多獲得数《かくとくすう》の記録を保持《ほじ》したアメリカ人競泳選手のマーク・スピッツが、1972年に1回のオリンピックで取った金メダルの数は何個《なんこ》かな？

教科書　50～59ページ

かきトリ　英語をなぞり、声に出してみましょう。

できたらチェック！　書く　話す

□速く走る

run fast

□うまく歌う

sing well

□うまくおどる

dance well

□高くジャンプする

jump high

□ギターをひく

play the guitar

ヒント

「(楽器)を演奏する」と言うときは楽器の前に“the”がつくよ。

□絵をかく

draw pictures

□なわとびをする

jump rope

□彼女は速く泳ぐことができます。

She can swim fast.

□彼女はピアノをひくことができません。

She can't play the piano.

▶読み方がわからないときは、左のページにもどって音声を聞いてみましょう。

やりトリ　身近な女性や女の子をしょうかいする文を書いて、声に出してみましょう。

できたらチェック！　書く　話す

She can ＿＿＿＿＿＿＿＿.

She can't ＿＿＿＿＿＿＿＿.

つたえるコツ

できることやできないことを表す動作の言葉が、伝えたい情報《じょうほう》なので、大きくはっきりと言おう。

▶あてはめる英語は、左のページや付録の小冊子、教科書や辞書などから探《さが》してみましょう。

いろんな人に、身近な人をしょうかいしてみよう！

ぴったりクイズの答え　7個だよ。しかもすべてで世界新記録を更新《こうしん》したんだよ。

ぴったり3
確かめのテスト

Lesson 4
I can draw pictures well.

時間 30分

/100

合格 80点

教科書 50～59ページ　答え 7ページ

1 音声を聞き、内容《ないよう》に合う絵を下の㋐～㋓から選び、(　　)に記号を書きましょう。

トラック81

技能 1問10点(20点)

㋐
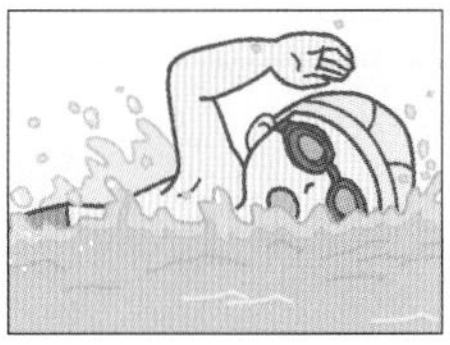
㋑

㋒

㋓

(1) (　　　　)　(2) (　　　　)

2 音声を聞き、内容に合う絵を、線で結びましょう。

トラック82

技能 1問完答10点(30点)

(1)

Kevin

(2)

he

(3)

she

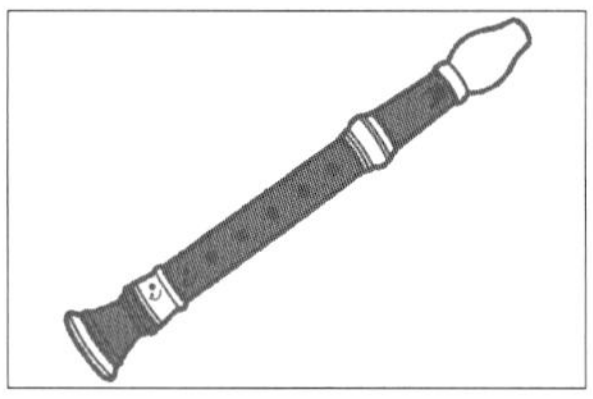
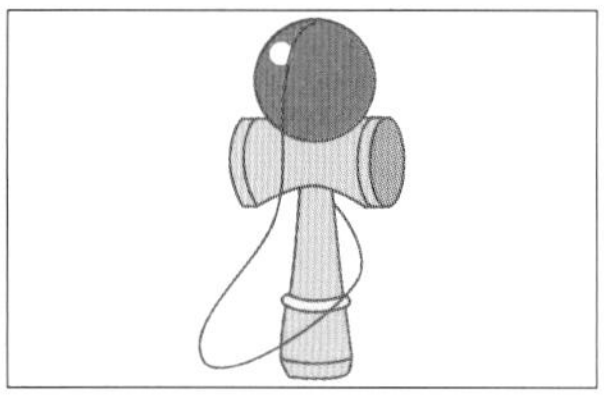

ふりかえり　❶がわからないときは、40ページにもどって確認《かくにん》しよう。

学習日　　月　　日

3 日本文に合う意味を表す英語の文になるように、□の中から語句《ごく》を選んで□に書き、文全体をなぞりましょう。

1つ5点(20点)

(1) 彼《かれ》は速く泳ぐことができます。

He ＿＿＿ swim ＿＿＿.

(2) 彼女《かのじょ》はサッカーをすることができません。

She ＿＿＿ ＿＿＿.

can't　　can　　play soccer　　fast

4 ケンが英語で自分のしょうかいをします。日本語のメモを見て□の中から正しい英語の文を選んで□に書きましょう。

思考・判断・表現　1問10点(30点)

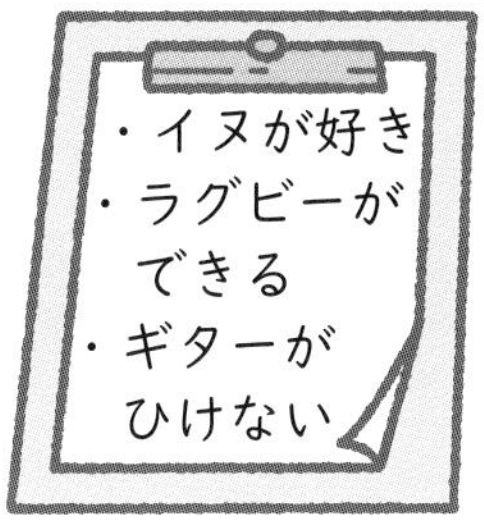

・イヌが好き
・ラグビーができる
・ギターがひけない

(1)

(2)

(3)

I like dogs.　　I can play baseball.　　I can play rugby.

I can't play the guitar.　　I can't play the recorder.

Lesson 5 Where is the station? ①

学習日　月　日

めあて
身の回りにあるものの場所をたずねたり、その位置を答えたりすることができる。

教科書 60〜69ページ

部屋の中にあるものの場所のたずね方 / 答え方

ききトリ 音声を聞き、声に出してみましょう。　トラック83〜84

Where《(フ)ウェア》 is《イズ》 your《ユア》 clock《クラ(ー)ック》?
あなたの時計はどこですか。

It's《イッツ》 on《ア(ー)ン》 the《ザ》 desk《デスク》.
それは机の上にあります。

せつめい
たずねる Where is 〜?で、「〜はどこですか。」と場所をたずねることができます。「〜」には、ものの名前を表す言葉などが入ります。
こたえる 場所は、in 〜「〜の中に」、on 〜「〜の上に」、under 〜「〜の下に」で表すことができます。

ききトリ 音声を聞き、英語の言葉を言いかえて、文を読んでみましょう。　トラック85〜88

Where is your clock?

いいかえよう 身の回りのものを表す英語

□ball(ボール) 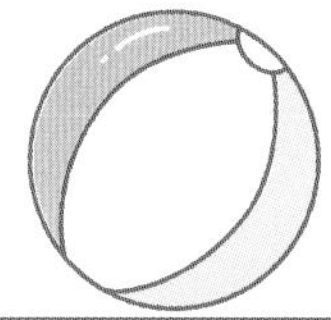	□T-shirt(Tシャツ) 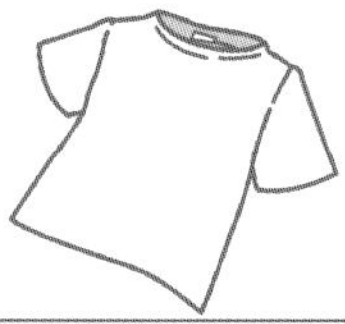	□bag(かばん) 	□pencil(えんぴつ) 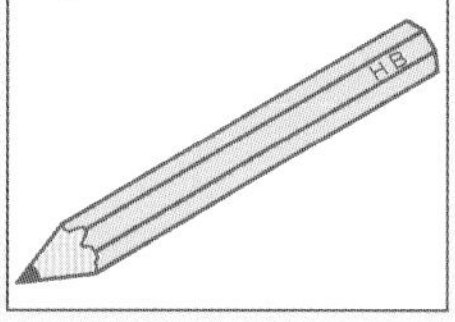
□glove(グローブ)	□cap(ぼうし)	□cup(カップ)	□map(地図)
□racket(ラケット)	□watch(うで時計)	□book(本)	□calendar(カレンダー)

ワンポイント
Where 〜?と聞かれたら「位置や場所」を答えるよ。

It's on the desk.

いいかえよう 位置を表す英語

□on the bed(ベッドの上に) 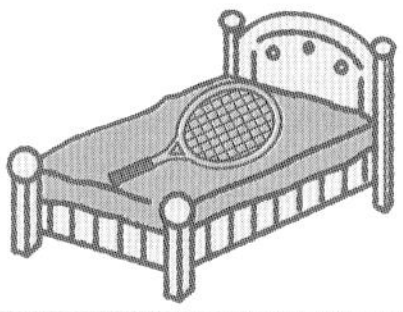	□under the table(テーブルの下に) 	□in the basket(かごの中に) 
□on the wall(かべ(の上)に)	□under the chair(いすの下に)	□in the box(箱の中に)

これを知ったらワンダフル!
in「〜の中に」、on「〜の上に」、under「〜の下に」などの言葉はものの名前を表す言葉の前にくるよ。

ぴったり2
練習

学習日　　月　　日

?ぴったりクイズ　答えはこのページの下にあるよ！

「～時」と時刻《じこく》を言うときに使うo'clockは省略《しょうりゃく》された形だよ。省略していない形はどれかな？
① of the clock　② on the clock　③ over the clock

教科書　60～69ページ

かきトリ　英語をなぞり、声に出してみましょう。

できたらチェック！　書く　話す

□ボール
ball

□Tシャツ
T-shirt

□かばん
bag

□えんぴつ
pencil

□ベッドの上に
on the bed

□テーブルの下に
under the table

□かごの中に
in the basket

□あなたの時計はどこですか。
Where is your clock?

□それは机の上にあります。
It's on the desk.

ヒント
「あなたの時計はどこですか。」のように質問《しつもん》をする英語の文には、「?」のマークを忘れずにつけよう。

▶読み方がわからないときは、左のページにもどって音声を聞いてみましょう。

やりトリ　自分はどう答えるかを書いて、声に出してみましょう。

できたらチェック！　書く　話す

Where is your book?

It's ＿＿＿＿＿＿＿＿.

つたえるコツ
Where ～?から始まる文は、発音するときは文の最後を下げて言おう。

▶あてはめる英語は、左のページや付録の小冊子《しょうさっし》、教科書や辞書などから探《さが》してみましょう。

答える練習ができたら、次はだれかに質問してみよう！

ぴったりクイズの答え　①　700年前くらいから、省略していない言い方が使われていたけれど、時計の精度《せいど》が上がった19世紀以降《いこう》はほとんど使われなくなって、o'clockを使うようになったんだよ。

ぴったり1 準備

Lesson 5 Where is the station? ②

学習日　　月　　日

めあて
自分の家がある場所や自分の町にあるものの場所を伝え合うことができる。

教科書　60～69ページ

自分の家がある場所や、自分の町の中にあるものの場所の伝え方

ききトリ 音声を聞き、声に出してみましょう。　トラック89～90

The《ザ》 park《パーク》 is《イズ》 by《バイ》 the《ザ》 lake《レイク》.
公園は湖のそばにあります。

My《マイ》 house《ハウス》 is《イズ》 by《バイ》 the《ザ》 park《パーク》.
わたしの家は公園のそばにあります。

せつめい **つたえる** ... is by ～.で、「…は～のそばにあります。」と場所を伝えることができます。「...」と「～」には、場所の名前が入ります。また、by ～は「～のそばに」という意味です。

ききトリ 音声を聞き、英語の言葉を言いかえて、文を読んでみましょう。　トラック91～92

The park is by the lake.

いいかえよう 建物・自然などを表す英語

□post office(郵便局《ゆうびんきょく》)

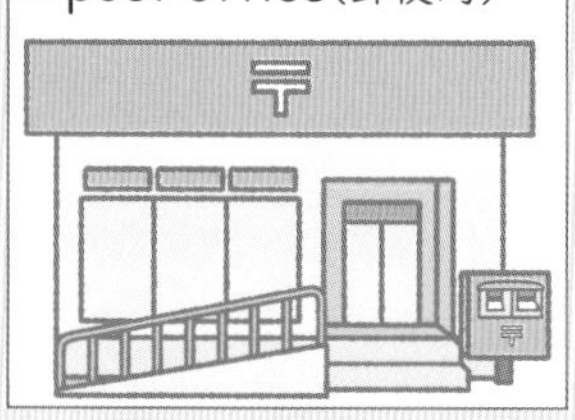

□convenience store(コンビニエンスストア)

□library(図書館)

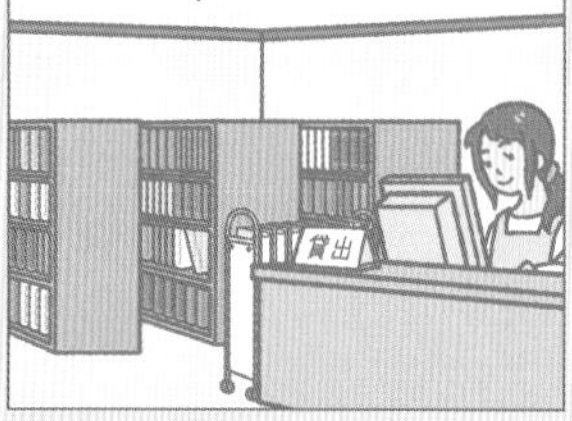

□hospital(病院)
□fire station(消防署《しょうぼうしょ》)

□bridge(橋)

□pond(池)
□sea(海)

□station(駅)

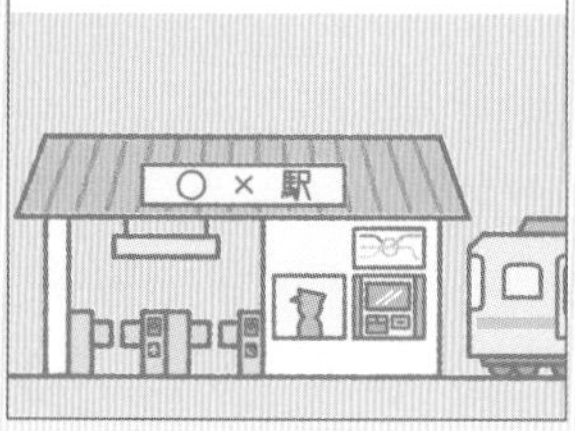

□bus stop(バス停)

□shrine(神社)

□elementary school(小学校)

□supermarket(スーパーマーケット)

□hamburger shop(ハンバーガーショップ)

ワンポイント
日本語では「～のそばに」は、場所の言葉のあとにくるけれど、英語では〈by＋場所〉の順番で場所の言葉の前にbyがくるよ。

これを知ったらワンダフル!
英語では「わたしは」はI、「わたしの」はmyと言うよ。だから「わたしの家」はmy houseと言うんだね。

小冊子《しょうさっし》のp.28～29で、もっと言葉や表現を学ぼう!

ぴったり2

練習

学習日　　月　　日

?ぴったりクイズ 答えはこのページの下にあるよ！

現在、日本の郵便ポストの色は「赤」だけど、アメリカの郵便ポストの色は何色かな？　① 黒　② 緑　③ 青

教科書　60～69ページ

かきトリ　英語をなぞり、声に出してみましょう。

できたらチェック！　書く　話す

□郵便局

post office

□図書館

library

□橋

bridge

□駅

station

□神社

shrine

□スーパーマーケット

supermarket

□コンビニエンスストア

convenience store

□公園は湖のそばにあります。

The park is by the lake.

□わたしの家は公園のそばにあります。

My house is by the park.

ヒント

post「郵便」と office「事務所」で「郵便局」になって、convenience「便利」と store「店」で「コンビニエンスストア」になるんだね。

▶読み方がわからないときは、左のページにもどって音声を聞いてみましょう。

やりトリ　自分はどう伝えるかを書いて、声に出してみましょう。

できたらチェック！　書く　話す

My house is by the ________.

つたえるコツ

isとその前の単語はつなげて発音するといいよ。[ハウス・イズ] → [ハウスィーズ]

▶あてはめる英語は、左のページや付録の小冊子、教科書や辞書などから探《さが》してみましょう。

練習ができたら、次は友だちに伝えてみよう！

ぴったりクイズの答え　③　世界各国には、ほかに黄色や緑色など、いろいろな色の郵便ポストがあるよ。

確かめのテスト

Lesson 5－①
Where is the station?

時間 30 分

／100

合格 80 点

教科書 60～69 ページ　答え 8 ページ

1 音声の内容《ないよう》に合う絵を下の㋐～㋒から選び、（　　）に記号を書きましょう。

トラック93

技能　1問10点（20点）

㋐
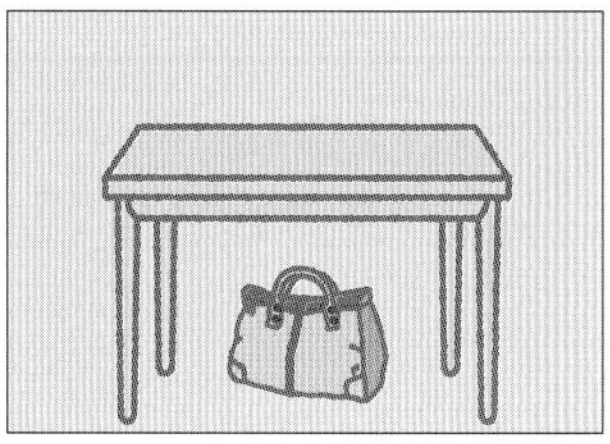

㋑

㋒
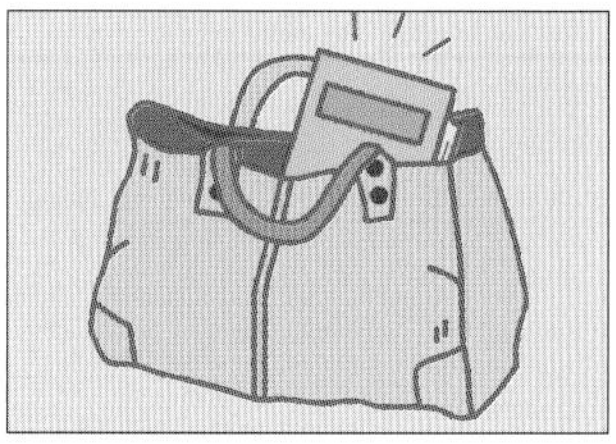

(1)（　　　　）　(2)（　　　　）

2 次の絵はあなたの部屋です。3つの質問《しつもん》を聞き、正しいものを　　から選んで(1)～(3)の　　に書き、全体をなぞりましょう。

トラック94

技能　1問10点（30点）

(1) It's ＿＿＿＿＿＿＿＿.

(2) It's ＿＿＿＿＿＿＿＿.

(3) It's ＿＿＿＿＿＿＿＿.

in the bag　　on the bed　　under the table

ふりかえり　2がわからないときは、48ページにもどって確認《かくにん》しよう。

3

日本文に合う英語の文になるように［　　］の中から語句《ごく》を選んで［　　］に書き、文全体をなぞりましょう。２回使う語もあります。文の最初の文字は大文字で書きましょう。

1つ4点(20点)

(1) あなたのかばんはどこですか。

______ is your bag?

(2) それはいすの上にあります。

It's ______ the chair.

(3) 公園は図書館のそばにあります。

The park is ______ the library.

(4) わたしの家は駅のそばにあります。

______ is ______ the station.

on　　my house　　where　　by

4

絵を見て質問に答えましょう。［　　］の中から語を選んで［　　］に書き、文全体をなぞりましょう。

思考・判断・表現　1問10点(30点)

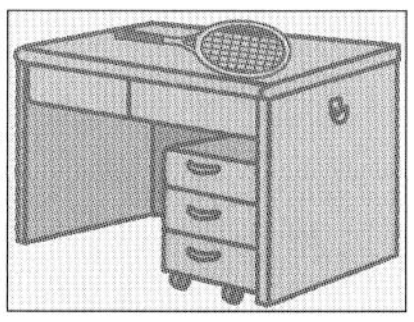

(1) Where is your racket?

It's ______ the desk.

(2) Where is your cat?

It's ______ the basket.

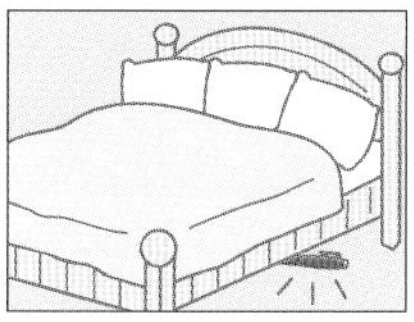

(3) Where is your pen?

It's ______ the bed.

on　　under　　in

ぴったり1 準備

Lesson 5 Where is the station? ③

学習日 月 日

めあて 道案内ができる。

教科書 60〜69ページ

道のたずね方 / 答え方

ききトリ 音声を聞き、声に出してみましょう。 トラック95〜96

Where《(フ)ウェア》 is《イズ》 the《ザ》 station《ステイション》?
駅はどこですか。

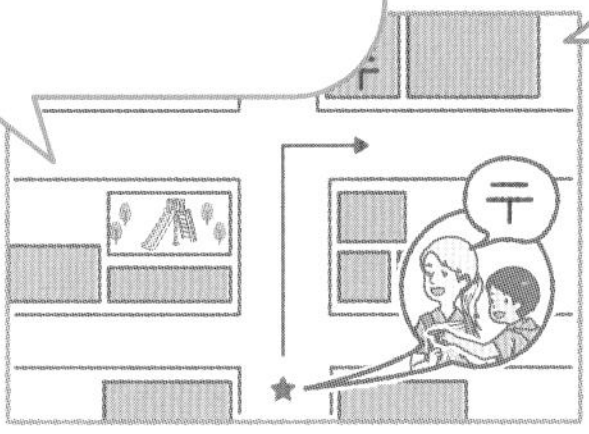

Go《ゴウ》 straight《ストゥレイト》.
まっすぐ行ってください。

Turn《ターン》 right《ライト》.
右に曲がってください。

You《ユー》 can《キャン》 see《スィー》 it《イト》 on《ア(ー)ン》 your《ユア》 left《レフト》.
あなたの左側にそれを見ることができます。

せつめい

たずねる Where is ～?で、「～はどこですか。」と場所をたずねることができます。

こたえる go straight「まっすぐ行く」、turn ～「～に曲がる」、on your ～「あなたの～側に」は、道案内をするときによく使われます。You can see itは「あなたはそれを見ることができる」という意味です。

ききトリ 音声を聞き、英語の言葉を言いかえて、文を読んでみましょう。 トラック97〜98

Where is the station ?

いいかえよう 建物などを表す英語

□bank(銀行)

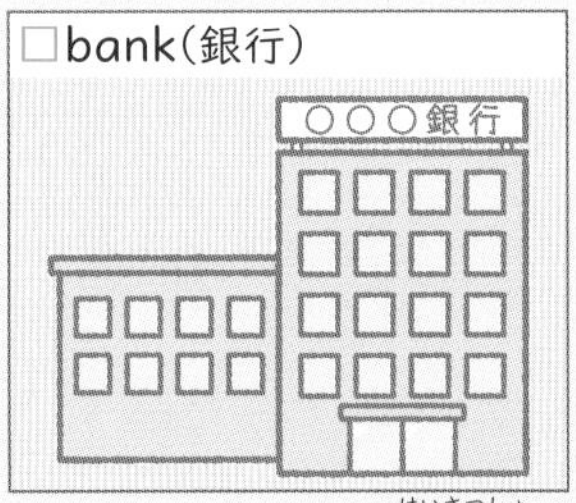

□bookstore(書店)

□restaurant(レストラン)

□police station(警察署《けいさつしょ》)　□gym(体育館)　□flower shop(花屋)

ワンポイント
You can see it の代わりにYou can find it「あなたはそれを見つけることができる」と言うことも多いよ。

まっすぐ行くよう伝えるとき

Go straight.

右／左に曲がるように指示するとき

Turn right / left.

これを知ったらワンダフル!
Turn rightのあとにat「～で」を使ってat the corner「角で」やat the bank「銀行で」を続けると、どこで曲がるかを言うことができるよ。

右／左に見えると伝えるとき

You can see it on your right / left.

小冊子《しょうさっし》のp.28〜29で、もっと言葉や表現を学ぼう!

学習日　　月　　日

?ぴったりクイズ 答えはこのページの下にあるよ！

オーストラリアにはカンガルーのシルエットが入った道路標識《ひょうしき》があるけれど、どういう意味を表しているかな？

教科書 60〜69 ページ

がきトリ 英語をなぞり、声に出してみましょう。

できたらチェック！ 書く 話す

□銀行

bank

□書店

bookstore

□レストラン

restaurant

ヒント

bookstore は book と store をくっつけて書くように注意しよう。

□まっすぐ行ってください。

Go straight.

□右に曲がってください。

Turn right.

□左に曲がってください。

Turn left.

□駅はどこですか。

Where is the station?

□あなたの左側にそれを見ることができます。

You can see it on your left.

▶読み方がわからないときは、左のページにもどって聞いてみましょう。

やりトリ 自分はどう答えるかを書いて、声に出してみましょう。

できたらチェック！ 書く 話す

Where is the station?

Turn ______.

right / left

つたえるコツ

right「右」なのかleft「左」なのかがきちんと伝わるように、大きくはっきり言おう。

▶あてはめる英語は、左のページや付録の小冊子、教科書や辞書などから探《さが》してみましょう。

答える練習ができたら、次はだれかに質問《しつもん》してみよう！

ぴったりクイズの答え 「カンガルーの飛び出し注意」だよ。ほかにもコアラやウォンバットの標識もあるよ！

ぴったり1 準備

Lesson 5
Where is the station? ④

学習日　　月　　日

めあて
お気に入りの場所をたずねたり、答えたりすることができる。

教科書　60～69ページ

お気に入りの場所のたずね方 / 答え方

ききトリ 音声を聞き、声に出してみましょう。　トラック99～100

My《マイ》 favorite《フェイヴ(ァ)リット》 place《プレイス》 is《イズ》 the《ザ》 museum《ミュ(ー)ズィ(ー)アム》.
わたしのお気に入りの場所は博物館です。

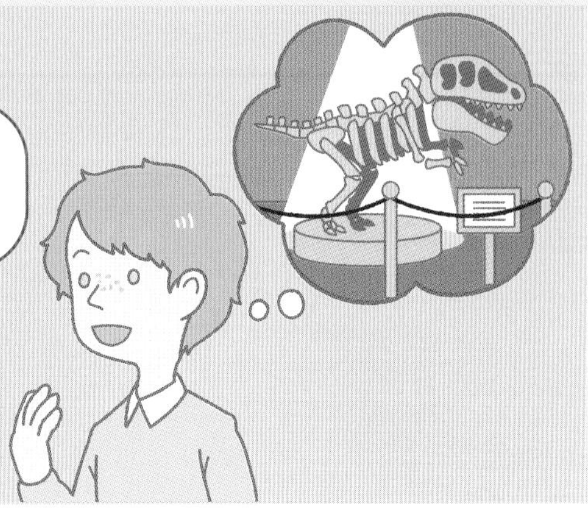

せつめい　つたえる　My favorite place is ～.で、「わたしのお気に入りの場所は～です。」と自分の好きな場所を答えることができます。「～」には好きな場所が入ります。

ききトリ 音声を聞き、英語の言葉を言いかえて、文を読んでみましょう。　トラック101～102

My favorite place is the museum .

いいかえよう　自然・建物などを表す英語

□sea(海)

□theater(映画館《えいがかん》、劇場)

□stadium(スタジアム)

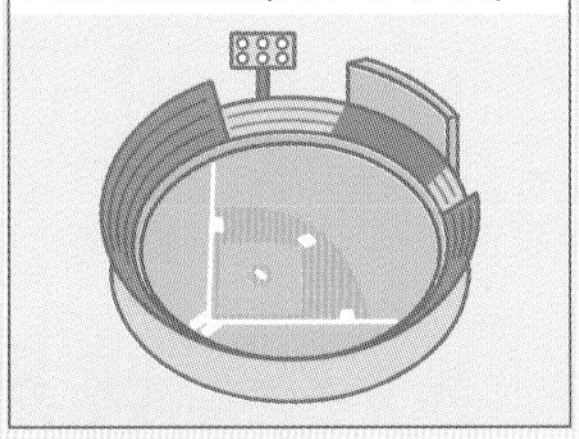

□river(川)　□flower shop(花屋)　□gym(体育館)

□aquarium(水族館)

□zoo(動物園)

□amusement park(遊園地)

ワンポイント
お気に入りの場所を言ったあと、50ページで習ったように、その場所がどこにあるかを伝えてもいいね。

これを知ったらワンダフル!
favoriteは「お気に入りの」という意味だよ。ここで習った文と同じように自分のお気に入りの食べ物や動物などを伝えることができるよ。

小冊子《しょうさっし》のp.28～29で、もっと言葉や表現を学ぼう！

ぴったり2

練習

学習日　　月　　日

？ぴったりクイズ　答えはこのページの下にあるよ！

多くの人のお気に入りの場所であるディズニーリゾートは、その発祥《はっしょう》の地、アメリカにいくつあるかな？

教科書　60～69ページ

かきトリ　英語をなぞり、声に出してみましょう。

できたらチェック！　書く　話す

□海

sea

□映画館、劇場

theater

□スタジアム

stadium

□水族館

aquarium

□動物園

zoo

□遊園地

amusement park

□花屋

flower shop

□体育館

gym

□わたしのお気に入りの場所は博物館です。

My favorite place is the museum.

ヒント

stadium は日本語だと［スタジアム］と発音するけれど、英語は［ステイディアム］のように発音するので注意しよう。

▶読み方がわからないときは、左のページにもどって聞いてみましょう。

やりトリ　自分はどう答えるかを書いて、声に出してみましょう。

できたらチェック！　書く　話す

My favorite place is ＿＿＿＿.

つたえるコツ

場所を表す言葉を大きくはっきりと言おう。どんな場所が好きなのかが、相手によく伝わるよ。

▶あてはめる英語は、左のページや付録の小冊子、教科書や辞書などから探《さが》してみましょう。

練習ができたら、次はだれかに伝えてみよう！

ぴったりクイズの答え　2つだよ。カリフォルニア州にある「ディズニーランド・リゾート」と、フロリダ州にある「ウォルト・ディズニー・ワールド・リゾート」だよ。

Lesson 5—②
Where is the station?

時間 30分

／100

合格 80点

教科書 60～69ページ　答え 9ページ

1 音声を聞き、内容《ないよう》に合う絵を下のア～ウから選び、(　　)に記号を書きましょう。

トラック103

技能　1問10点(20点)

ア

イ

ウ

(1) (　　　　　)　(2) (　　　　　)

2 音声を聞いて、それぞれの人物のお気に入りの場所を、線で結びましょう。

トラック104

技能　1問10点(30点)

(1)

Emily

(2)

Sana

(3)

Haruto

ふりかえり　1がわからないときは、54ページにもどって確認《かくにん》しよう。

3

日本文に合う英語の文になるように、［　　］の中から語を選んで［　　］に書き、文全体をなぞりましょう。２回使う語もあります。文の最初の文字は大文字で書きましょう。

1つ5点（20点）

(1) 動物園はどこですか。

［　　　　］ is the ［　　　　］?

(2) わたしのお気に入りの場所は海です。

My ［　　　　］ place is the ［　　　　］.

sea　　favorite　　where　　zoo

4

現在《げんざい》★印にいます。質問《しつもん》に答えて道案内をしましょう。［　　］の中から正しいものを選んで案内をする順に(1)～(3)の［　　］に書き、全体をなぞりましょう。

思考・判断・表現　1問10点（30点）

Where is the post office?

You can see it on your right.

straight　　left

(1) Go ［　　　　］.

(2) Turn ［　　　　］.

(3) ［　　　　　　　　　　］

3分でまとめ

Lesson 6
What would you like? ①

学習日　　月　　日

めあて
ていねいな言い方で食べ物や飲み物を注文することができる。

教科書　70～79ページ

自分が注文したいもののていねいな伝え方

ききトリ　音声を聞き、声に出してみましょう。　トラック105～106

I'd《アイド》 like《ライク》 pizza《ピーツァ》, salad《サラッド》, and《アンド》 yogurt《ヨウガト》.
わたしはピザとサラダとヨーグルトをいただきたいです。

せつめい　つたえる　I'd like ～.で、「わたしは～をいただきたいです。」と自分が注文したいものをていねいに伝えることができます。「～」には、注文したいものの名前が入ります。

ききトリ　音声を聞き、英語の言葉を言いかえて、文を読んでみましょう。　トラック107～108

I'd like **pizza**, **salad**, and **yogurt**.

いいかえよう　食べ物・飲み物を表す英語

□fried chicken（フライドチキン）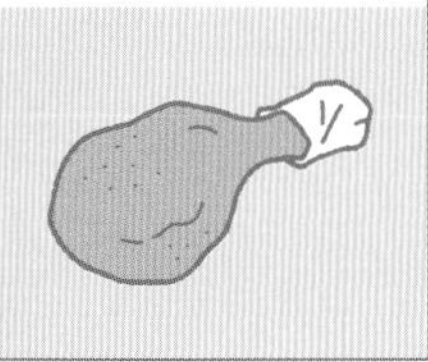	□French fries（フライドポテト）	□a steak（ステーキ）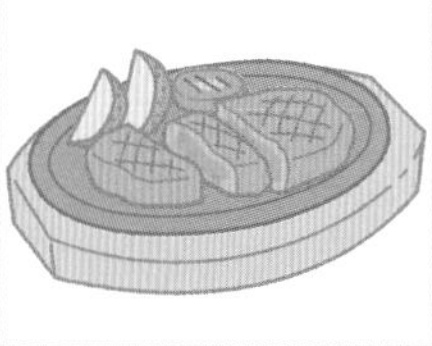	□grilled fish（焼き魚）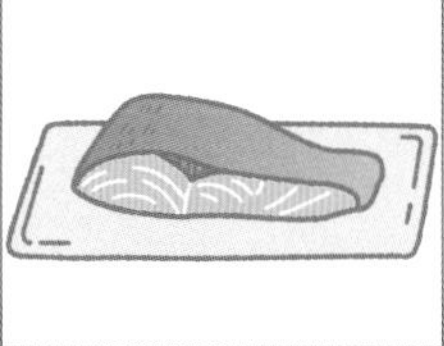
□rice（ごはん、米）	□bread（パン）	□*miso* soup（みそしる）	□corn soup（コーンスープ）
□coffee（コーヒー）	□soda pop（ソーダ水）	□juice（ジュース）	□water（水）

ワンポイント
同じような内容《ないよう》のものを並《なら》べて言うときはpizza, salad, andyogurtのように最後のものの直前だけにandをつけるよ。

これを知ったらワンダフル！
I'd like は I would likeを短くした形で、I wantをていねいにした言い方だよ。

小冊子《しょうさっし》のp.10～13で、もっと言葉や表現を学ぼう！

ぴったり2

練習

学習日　　月　　日

?ぴったりクイズ 答えはこのページの下にあるよ！

ピザと言えば、トマトとバジルを使ったマルゲリータピザが有名だけど、マルゲリータという名前の由来は何かな？

① チーズの名前　② 都市の名前　③ 王妃《おうひ》の名前

教科書　70～79 ページ

かきトリ　英語をなぞり、声に出してみましょう。

できたらチェック！　書く　話す

□フライドチキン
fried chicken

□フライドポテト
French fries

□ステーキ
a steak

□焼き魚
grilled fish

□ごはん、米
rice

□パン
bread

□みそしる
miso soup

□コーンスープ
corn soup

□コーヒー
coffee

□ソーダ水
soda pop

□ジュース
juice

□水
water

ヒント

French fries の French の最初の文字は大文字にしよう。「フランスの」という意味だよ。coffee は f と e が2回続くことに注意しよう。soda pop は炭酸飲料のことだよ！

□わたしはピザとサラダとヨーグルトをいただきたいです。
I'd like pizza, salad, and yogurt.

▶読み方がわからないときは、左のページにもどって音声を聞いてみましょう。

やりトリ　自分は何を注文するかを書いて、声に出してみましょう。

できたらチェック！　書く　話す

I'd like ＿＿＿＿＿＿＿＿.

つたえるコツ

likeのあとの注文したいものの語句《ごく》を、強く大きく発音しよう。

▶あてはめる英語は、左のページや付録の小冊子、教科書や辞書などから探《さが》してみましょう。

練習ができたら、次はだれかにていねいに注文してみよう！

ぴったりクイズの答え

③ このピザはイタリアの王妃マルゲリータが、ナポリを訪《おとず》れたときに出されたんだよ。赤（トマトの色）・緑（バジルの色）・白（チーズの色）のイタリアの国旗と同じ色のこのピザをマルゲリータが気に入ったことから名づけられたと言われているよ。

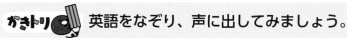

ぴったり1 準備

Lesson 6
What would you like? ②

学習日　月　日

めあて
値段《ねだん》をたずねたり、答えたりすることができる。

教科書　70〜79ページ

値段のたずね方 / 答え方

ききトリ　音声を聞き、声に出してみましょう。　トラック109〜110

It's《イッツ》 500《ファイブ ハンドゥレッド》 yen《イエン》.
それは500円です。

How《ハウ》 much《マッチ》 is《イズ》 it《イット》?
それはいくらですか。

せつめい
たずねる　How much is it?で、「それはいくらですか。」と値段をたずねることができます。
こたえる　It's ～ yen.で「それは～円です。」と値段を答えることができます。「～」には、金額《きんがく》の数字が入ります。

ききトリ　音声を聞き、英語の言葉を言いかえて、文を読んでみましょう。　トラック111〜112

How much is it?

It's 500 yen.

いいかえよう　値段を表す英語

□240 yen(240円)

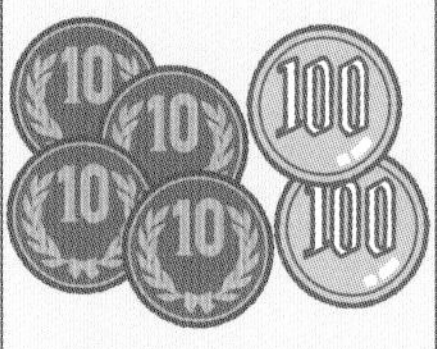

□300 yen(300円)

□420 yen(420円)

□550 yen(550円)

□570 yen(570円)

□670 yen(670円)

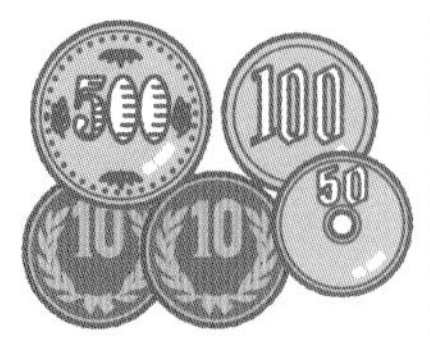

□810 yen(810円)

□900 yen(900円)

ワンポイント
値段をたずねるときは、How much?と省略《しょうりゃく》して言うこともできるよ。

これを知ったらワンダフル！
「ドル」で「それは10ドルです」と言う場合は、It's 10 dollars. で、「ユーロ(ヨーロッパの通貨)」の場合は、It's 10 euros.となるよ。

ぴったり2
練習

学習日　　月　　日

? ぴったりクイズ　答えはこのページの下にあるよ！

日本では長い間、値段があまり変わっていない卵が「物価《ぶっか》の優等生《ゆうとうせい》」と呼《よ》ばれているけれど、アメリカで70年間、値段が変わっていない飲み物は何かな？

教科書　70〜79 ページ

かきトリ　英語をなぞり、声に出してみましょう。

できたらチェック！　書く □　話す □

□240円

two hundred and forty yen

□420円

four hundred and twenty yen

□550円

five hundred and fifty yen

□300円

three hundred yen

□それはいくらですか。

How much is it?

□それは500円です。

It's 500 yen.

ヒント

"forty" は "fourty" と書かないように注意しよう。また、百の位と十の位の間の and は入れないこともよくあるよ。

▶読み方がわからないときは、左のページにもどって聞いてみましょう。

やりトリ　自分はどう答えるか金額を数字で書いて、声に出してみましょう。

できたらチェック！　書く □　話す □

How much is it?

It's ＿＿＿＿＿＿＿＿.

つたえるコツ

金額の数字をはっきりと正確《せいかく》に言うことで、「いくら」ということをきちんと伝えることができるよ。

▶あてはめる英語は、左のページや付録の小冊子《しょうさっし》、教科書や辞書などから探《さが》してみましょう。

答える練習ができたら、次はだれかに質問《しつもん》してみよう！

ぴったりクイズの答え　コカ・コーラだよ。今や、世界中で飲まれているね。

ぴったり3

確かめのテスト

Lesson 6－① What would you like?

時間 30分

／100

合格 80点

教科書 70～79ページ　答え 10ページ

1 音声を聞き、内容《ないよう》に合う絵を下の㋐～㋓から選び、(　　)に記号を書きましょう。

トラック113

技能　1問10点(20点)

㋐
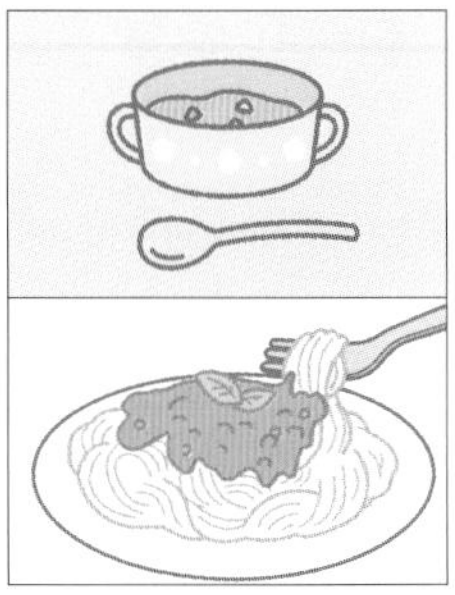

㋑

㋒
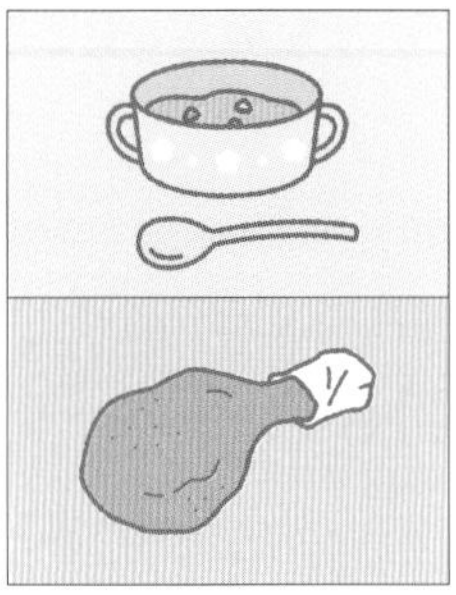

㋓
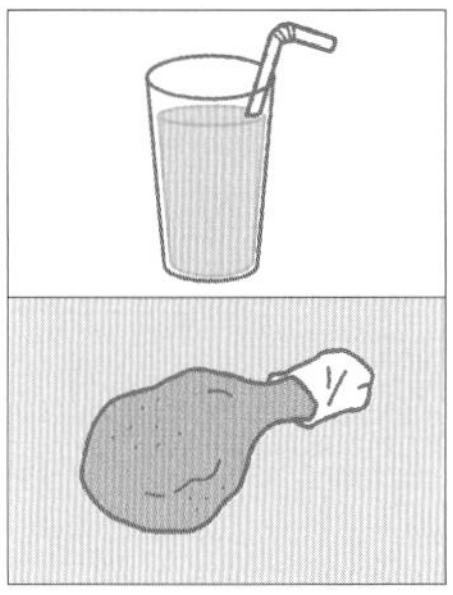

(1) (　　　　　)　(2) (　　　　　)

2 音声で、それぞれの食べ物の値段《ねだん》をたずね、その金額《きんがく》を答えています。あてはまる金額を数字で□に書き、全体をなぞりましょう。

トラック114

技能　1問10点(30点)

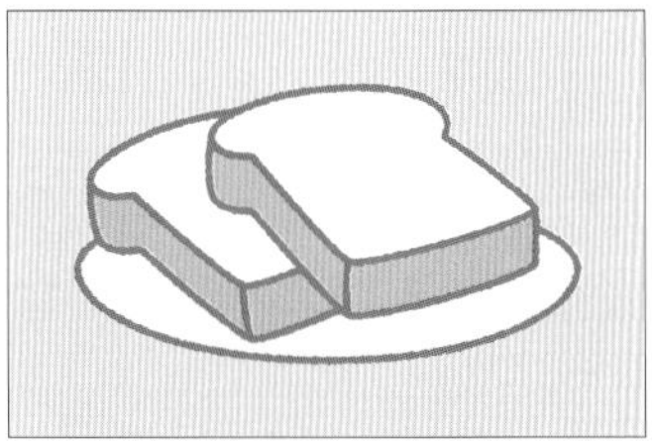

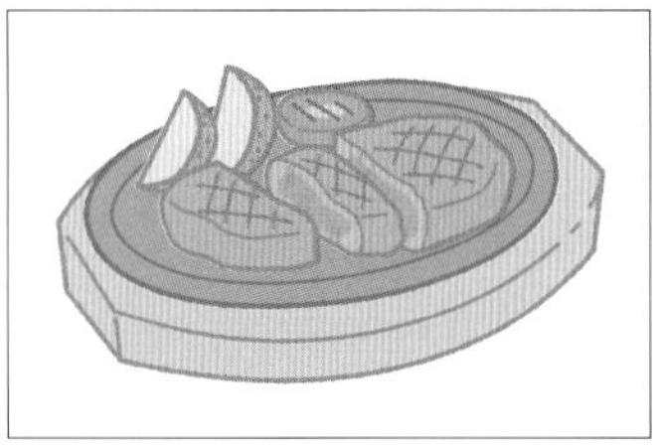

(1) It's ＿＿＿＿ yen.

(2) It's ＿＿＿＿ yen.

(3) It's ＿＿＿＿ yen.

ふりかえり　❶がわからないときは、60ページにもどって確認《かくにん》しよう。

3 日本文の意味を表す英語の文になるように、[　　]の中から語《ご》句《く》を選んで[　　]に書き、全体をなぞりましょう。文の最初の文字は大文字で書きましょう。

1つ4点(20点)

(1) わたしは、ごはんと焼き魚とみそしるをいただきたいです。

[　　　　] rice, [　　　　],
and miso soup.

(2) それはいくらですか。

[　　　　] is it?

(3) 380円です。

[　　　　] 380 [　　　　].

it's　　how much　　I'd like　　grilled fish　　yen

4 ユウトがお店で店員と話しています。絵に合う内容の文を[　　]の中から選んで[　　]に書きましょう。

思考・判断・表現　1問10点(30点)

(1)

(2)

(3)

How much is it?　　It's 500 yen.　　I'd like a hamburger.

Lesson 6 What would you like? ③

3分でまとめ

学習日　月　日

めあて
ていねいな言い方で相手がほしいものをたずねたり、ていねいな言い方で食べ物や飲み物を注文したりすることができる。

教科書　70〜79ページ

相手がほしいもののていねいなたずね方 / 食べ物や飲み物のていねいな注文の仕方

ききトリ 音声を聞き、声に出してみましょう。　トラック115〜116

せつめい

たずねる　What would you like?で、「あなたは何になさいますか。」と相手のほしいものを、ていねいにたずねることができます。これは、**What do you want?**をていねいにした言い方です。

こたえる　I'd like 〜.で「わたしは〜をいただきたいです。」と自分のほしいものを、ていねいに伝えることができます。「〜」には、ほしいものが入ります。

ききトリ 音声を聞き、英語の言葉を言いかえて、文を読んでみましょう。　トラック117〜118

What would you like?

I'd like curry and rice.

いいかえよう　食べ物・デザート・飲み物を表す英語

□an omelet(オムレツ) 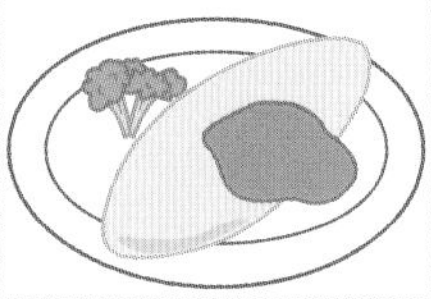	□pizza(ピザ) 	□soba(そば) 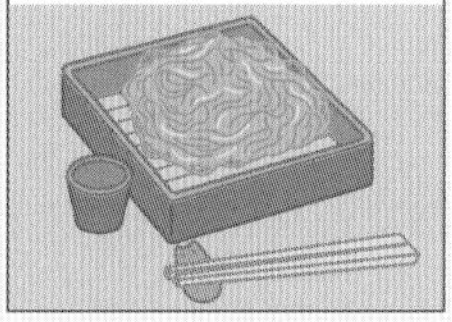	□tacos(タコス) 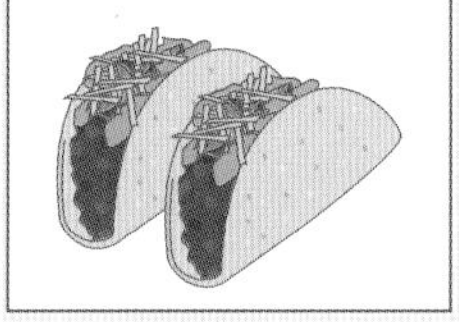
□a salad(サラダ) 	□pickles(ピクルス) 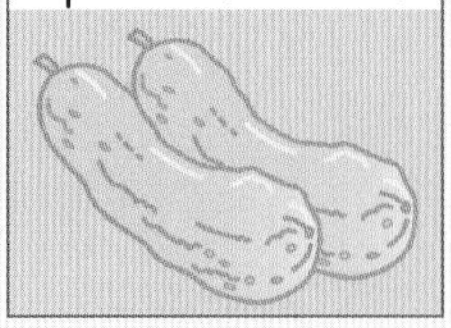	□cheese(チーズ) 	□a pancake(パンケーキ) 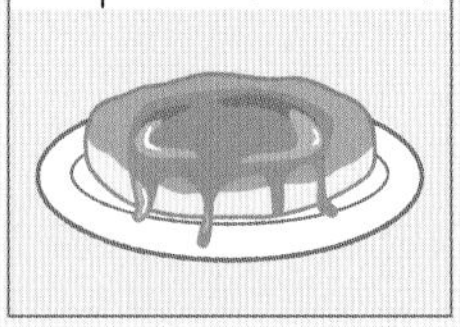
□a pudding(プリン) 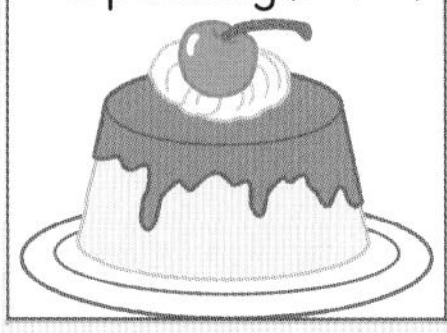	□a cookie(クッキー) 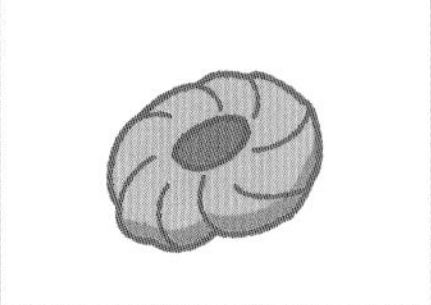	□green tea(緑茶) 	□cocoa(ココア) 

ワンポイント
omeletは“o”で始まっているね。母音(ア・イ・ウ・エ・オのどれかの発音)で始まる語は“a”ではなくて“an”を前につけるよ。

これを知ったらワンダフル!
タコスとピクルスは1つなら a taco、a pickleと言うよ。2つ以上だと tacos と picklesになるよ。

小冊子《しょうさっし》のp.10〜13で、もっと言葉や表現を学ぼう！

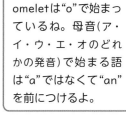

ぴったり2

練習

学習日　　月　　日

ぴったりクイズ　答えはこのページの下にあるよ！

アメリカの定番料理と言えばハンバーガーだけど、イギリスの定番料理と言ったら何かな？

①　ミネストローネ　　②フィッシュ・アンド・チップス　　③　ボルシチ

教科書　70〜79ページ

かきトリ　英語をなぞり、声に出してみましょう。

できたらチェック！　書く　話す

□オムレツ　an omelet

□タコス　tacos

□サラダ　a salad

□ピクルス　pickles

□チーズ　cheese

□パンケーキ　a pancake

□プリン　a pudding

□クッキー　a cookie

□緑茶　green tea

□ココア　cocoa

ヒント

カレーライスは、curry（カレー）とrice（ライス）の間にandが入るよ。また、green teaは2つの語の間を少しはなして書こう。

□あなたは何になさいますか。

What would you like?

□わたしはカレーライスをいただきたいです。

I'd like curry and rice.

▶読み方がわからないときは、左のページにもどって聞いてみましょう。

やりトリ　自分が注文したいものを書いて、声に出してみましょう。

できたらチェック！　書く　話す

What would you like?

I'd like ＿＿＿＿＿＿＿＿.

つたえるコツ

I'd likeの[d]の音は[ド]とはっきり発音しないで弱く発音しましょう。

▶あてはめる英語は、左のページや付録の小冊子、教科書や辞書などから探《さが》してみましょう。

答える練習ができたら、次はだれかに質問《しつもん》してみよう！

ぴったりクイズの答え　②　白身魚のフライにフライドポテトをそえたものだよ。①はイタリアのスープ料理で、③はロシアのスープ料理だよ。

Lesson 6 What would you like? ④

学習日　　月　　日

めあて
目の前のものが何かをたずねたり、あるものについて簡単《かんたん》な説明をすることができる。

教科書 70〜79ページ

目の前のものが何かをたずねる言い方 / あるものについての簡単な説明の仕方

ききトリ 音声を聞き、声に出してみましょう。　トラック119〜120

What's《(フ)ワッツ》 this《ズィス》?
これは何ですか。

It's《イッツ》 *pho*《ファー》. It's《イッツ》 rice《ライス》 noodles《ヌードゥルズ》.
それはフォーです。それは米粉《こめこ》のめんです。

It's《イッツ》 healthy《ヘルスィ》.
それは健康によいです。

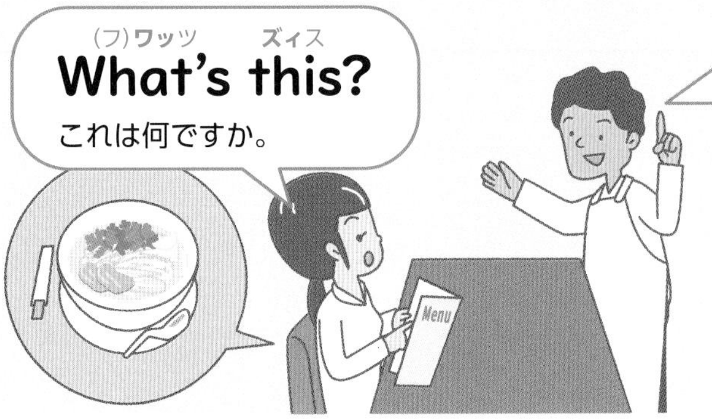

せつめい
たずねる What's this?で、「これは何ですか。」と目の前のものについてたずねることができます。
こたえる It's ～.で「それは～です。」と、あるものの名前を言ったり、それが何かということや、どういうものかということを説明することができます。

ききトリ 音声を聞き、英語の言葉を言いかえて、文を読んでみましょう。　トラック121〜122

What's this?

It's *pho*. It's rice noodles.　It's **healthy**.

いいかえよう　味などを表す英語

□delicious(おいしい)

□sweet(あまい)

□hot(からい)

□sour(すっぱい)

□salty(塩辛い)

□bitter(にがい)

□fresh(新鮮《しんせん》な)

□soft(やわらかい)

□hard(固い)

ワンポイント
thisは近くのものについて言うときに使うよ。はなれたものについて言うときはthat(あれ)を使うよ。

これを知ったらワンダフル!
deliciousはすごくおいしいときによく使うよ。ただ「おいしい」と言うときは、goodを使うことが多いよ。

ぴったり2

練習

学習日　　月　　日

ぴったりクイズ　答えはこのページの下にあるよ！

基本味《きほんあじ》と呼《よ》ばれる５つの味覚の要素《ようそ》とは、甘《かん》味(sweet)、塩味《えんみ》(salty)、苦味《にがみ》(bitter)、酸味《さんみ》(sour)と、あと１つは何かな？

教科書　70〜79 ページ

かきトリ　英語をなぞり、声に出してみましょう。

できたらチェック！　書く □　話す □

□健康によい　healthy

□おいしい　delicious

□あまい　sweet

□からい　hot

□すっぱい　sour

□塩辛い　salty

□にがい　bitter

□新鮮な　fresh

□やわらかい　soft

□固い　hard

□これは何ですか。　What's this?

□それはフォーです。　It's pho.

□それは米粉のめんです。　It's rice noodles.

□それは健康によいです。　It's healthy.

ヒント

bitter の t は２回続くよ。また、hot や soft はカタカナ語にもなっているけれど、英語では、hot は[**ハー**ット]、soft は[**ソー**フト]のように[o]を少し長く強く発音するよ。

▶読み方がわからないときは、左のページにもどって聞いてみましょう。

やりトリ　食べ物の名前と、その特ちょうを書いて、声に出してみましょう。

できたらチェック！　書く □　話す □

What's this?

It's ＿＿＿＿＿＿＿＿＿＿.

It's ＿＿＿＿＿＿＿＿＿＿.

つたえるコツ

It'sは小さく、そのあとの食べ物の名前と味などを表す言葉を大きくはっきり言おう。

▶あてはめる英語は、左のページや付録の小冊子《しょうさっし》、教科書や辞書などから探《さが》してみましょう。

答える練習ができたら、次はだれかに質問《しつもん》してみよう！

ぴったりクイズの答え　うま味だよ。日本人の化学者が1908年に、「だしこんぶ」の中から発見したんだ。だから英語でも、うま味のことはそのままumamiと言うよ。

Lesson 6－②
What would you like?

時間 30 分

／100

合格 80 点

教科書 70～79 ページ　答え 11 ページ

1 音声を聞き、内容《ないよう》に合う絵を下の㋐～㋓から選び、(　　)に記号を書きましょう。

トラック123

技能　1問10点(20点)

㋐
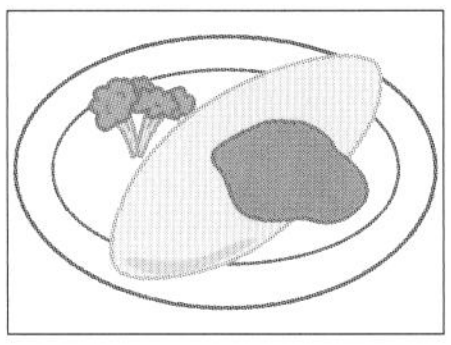
㋑

㋒
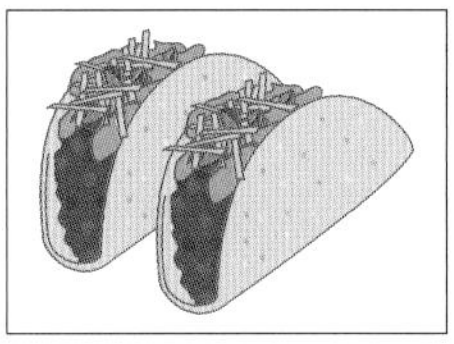
㋓

(1) (　　　　)　(2) (　　　　)

2 音声を聞き、それぞれの食べ物と味を線で結びましょう。

トラック124

技能　1問10点(30点)

(1)

(2)

(3)

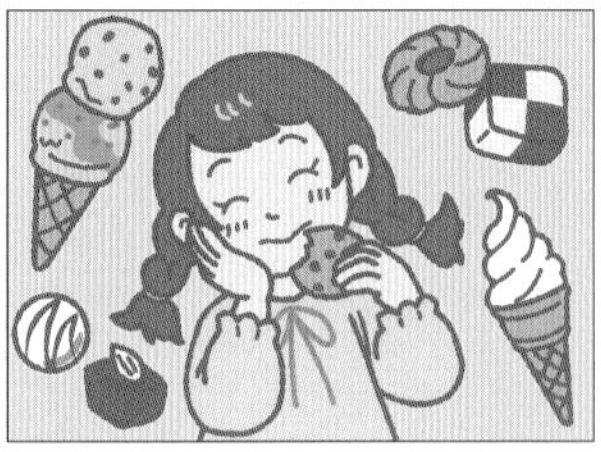

ふりかえり　❶がわからないときは、66ページにもどって確認《かくにん》しよう。

3 日本文の意味を表す英語の文になるように、[　　]の中から語句《ごく》を選んで[　　]に書き、全体をなぞりましょう。文の最初の文字は大文字で書きましょう。

1つ5点(20点)

(1) あなたは何になさいますか。

What [　　　] you [　　　] ?

(2) わたしはオムレツをいただきたいです。

[　　　] an [　　　] .

would　　I'd like　　omelet　　like　　orange

4 ハルカが店で店員と話しています。(1)〜(3)の絵に合う内容の文を[　　]の中からそれぞれ選んで[　　]に書き、文全体をなぞりましょう。

思考・判断・表現　1問10点(30点)

(1) ____________________

(2) It's pho.

おいしい

(3) ____________________

It's rice noodles.　　It's delicious.

What's this?　　How much is it?

この本の終わりにある「冬のチャレンジテスト」をやってみよう！

Lesson 7
I love my town. ①

めあて
自分たちの町にあるものについて伝えたり、そのものの状態《じょうたい》や様子を伝え合える。

教科書 86〜95ページ

自分たちの町にあるものについての伝え方 / そのものの様子の伝え方

ききトリ 音声を聞き、声に出してみましょう。　トラック125〜126

We《ウィー》 have《ハヴ》 a《ア》 temple《テンプル》.
お寺があります。

It's《イッツ》 old《オウルド》.
それは古いです。

せつめい　つたえる　We have ～.で、「～があります。」と自分たちの町にあるものを伝えることができます。「～」には、町にあるものが入ります。
It's ～.で「それは～です。」とそのものの状態や様子を伝えることができます。「～」には、状態や様子を表す言葉が入ります。

ききトリ 音声を聞き、英語の言葉を言いかえて、文を読んでみましょう。　トラック127〜130

We have a temple .

いいかえよう　建物・自然・遊びなどを表す英語

□a castle(城《しろ》)

□a shrine(神社)

□a tower(タワー)

□a river(川)

□a hot spring(温泉《おんせん》)

□a zoo(動物園)

□a festival(祭り)

□an aquarium(水族館)

□a garden(庭園)

□a lake(湖)

□a beach(浜辺《はまべ》)

□a mountain(山)

It's old .

いいかえよう　状態・様子などを表す英語

□new(新しい)

□long(長い)
□beautiful(美しい)

□big(大きい)

□small(小さい)
□amazing(すばらしい)

□high(高い)

□low(低い)
□famous(有名な)

□wonderful(すばらしい)

□tall([細長く]高い)
□great(すごい)

ワンポイント
温泉地の温泉は、いろんなところからわき出していて、1つじゃないからふつうはhot springsと複数形《ふくすうけい》にして言うことが多いよ。

これを知ったらワンダフル!
haveには「持つ」という意味以外に、ここで使っている「ある」という意味や、「食べる」、「飲む」、「(ペットを)飼《か》う」などいろいろな意味があるよ。

▶小冊子《しょうさっし》のp.28〜29で、もっと言葉や表現を学ぼう！

学習日　　月　　日

? ぴったりクイズ　答えはこのページの下にあるよ！

外国人が最も多く訪《おとず》れる日本の観光地はどこかな？都道府県で答えてね。

教科書　86〜95 ページ

かきトリ　英語をなぞり、声に出してみましょう。

できたらチェック！　書く　話す

□城　a castle

□タワー　a tower

□温泉　a hot spring

□祭り　a festival

□庭園　a garden

□湖　a lake

□浜辺　a beach

□山　a mountain

□新しい　new

□大きい　big

□小さい　small

□高い　high

□低い　low

□すばらしい　wonderful

□お寺があります。　We have a temple.

□それは古いです。　It's old.

ヒント

castle は発音しない[t]が入っているので、書き忘《わす》れないように注意しよう。また、hot spring は hot と spring をはなして書こう。

▶読み方がわからないときは、左のページにもどって音声を聞いてみましょう。

やりトリ　自分の町にあるものについて書いて、声に出してみましょう。

できたらチェック！　書く　話す

We have ________.

It's ________.

つたえるコツ

It'sのあとの状態や様子を表す言葉を強く大きく言うと、言いたいことが伝わりやすくなるよ。

▶あてはめる英語は、左のページや付録の小冊子、教科書や辞書などから探《さが》してみましょう。

練習ができたら、次はだれかに伝えてみよう！

ぴったりクイズの答え　東京都だよ。2022年の統計では、２位が兵庫県、３位は大阪府だったよ。

ぴったり1 準備

Lesson 7 I love my town. ②

学習日　　月　　日

めあて
自分たちの町にあるものや、そこでできることを伝え合うことができる。

教科書 86〜95ページ

自分たちの町にあるものの伝え方 / そこでできることの伝え方

ききトリ 音声を聞き、声に出してみましょう。　トラック131〜132

We《ウィー》 have《ハヴ》 an《アン》 amusement《アミューズメント》 park《パーク》.
遊園地があります。

We《ウィー》 can《キャン》 ride《ライド》 a《ア》 roller《ロウラァ》 coaster《コウスタァ》.
わたしたちはジェットコースターに乗ることができます。

せつめい **つたえる** We have ～.で、「～があります。」と自分たちの町にあるものを伝えることができます。「～」には、町にあるものが入ります。
We can ～.で「わたしたちは～をすることができます。」とできることを伝えることができます。「～」には、できることが入ります。

ききトリ 音声を聞き、英語の言葉を言いかえて、文を読んでみましょう。　トラック133〜134

We have an amusement park.

We can **ride a roller coaster**.

いいかえよう 動作を表す英語

□climb mountains
(山に登る)

□eat fresh fruits
(新鮮《しんせん》なくだものを食べる)

□enjoy swimming
(泳ぐことを楽しむ)

□enjoy fishing
(魚つりを楽しむ)

□enjoy parades
(パレードを楽しむ)

□see wonderful fireworks
(すばらしい花火を見る)

□see amazing stars
(すばらしい星を見る)

□see beautiful flowers
(美しい花を見る)

□see a panda
(パンダを見る)

ワンポイント
canのあとは動作を表す言葉がくるよ。

これを知ったら ワンダフル!
enjoyのあとに動作を表す言葉がくる場合は、swim(泳ぐ)→swimming、fish(魚をつる)→fishingのようにingがつくよ。

▶小冊子《しょうさっし》のp.24〜25で、もっと言葉や表現を学ぼう!

ぴったり2

練習

学習日　　月　　日

?ぴったりクイズ

答えはこのページの下にあるよ！

世界最古の遊園地はどの国にあるかな？
①　デンマーク　　②　イギリス　　③　ブラジル

教科書　86～95 ページ

がきトリ　英語をなぞり、声に出してみましょう。

できたらチェック！　書く □　話す □

□山に登る

climb mountains

□新鮮なくだものを食べる

eat fresh fruits

□泳ぐことを楽しむ

enjoy swimming

□すばらしい花火を見る

see wonderful fireworks

□遊園地があります。

We have an amusement park.

□わたしたちはジェットコースターに乗ることができます。

We can ride a roller coaster.

ヒント

climb は最後に発音しない“b”がつくよ。書き忘《わす》れないように注意しよう。また、swimming の m は 2 回続くから注意しよう。

▶読み方がわからないときは、左のページにもどって音声を聞いてみましょう。

やりトリ　自分はどう伝えるかを書いて、声に出してみましょう。

できたらチェック！　書く □　話す □

We have an amusement park.
We can ＿＿＿＿＿＿＿＿.

つたえるコツ

We canは[ウイクン]のような発音でcanを小さく発音して、そのあとの言葉を大きくはっきり発音しよう。

▶あてはめる英語は、左のページや付録の小冊子、教科書や辞書などから探《さが》してみましょう。

練習ができたら、次はだれかに伝えてみよう！

ぴったりクイズの答え

①　1746年に首都コペンハーゲンにオープンしたデュアハウスバッケンという名前のテーマパークで、今もあるよ。コペンハーゲンの治《ち》療《りょう》効《こう》果《か》がある天然の泉《いずみ》に、多くの人や行商人、大道芸人が集まってきて、飲食店や宿ができたことが元になったと考えられているよ。

ぴったり1 準備

Lesson 7 I love my town. ③

学習日　月　日

めあて
自分たちの町でできることの様子を伝えることができる。

教科書 86〜95ページ

自分たちの町でできることの様子の伝え方

ききトリ 音声を聞き、声に出してみましょう。 トラック135〜136

It's《イッツ》 exciting《イクサイティング》.
それはわくわくします。

せつめい つたえる It's 〜.で、「それは〜です[します]。」と自分たちの町でできることの様子を伝えることができます。「〜」には、様子などを表す言葉が入ります。

ききトリ 音声を聞き、英語の言葉を言いかえて、文を読んでみましょう。 トラック137〜138

It's exciting.

いいかえよう 様子などを表す英語

□interesting(おもしろい)

□great(すごい)

□fun(楽しい)

□fantastic(すばらしい)

□nice(よい、すてきな)

□cool(かっこいい)

□amazing(おどろくほどの)

□beautiful(美しい)

□famous(有名な)

ワンポイント
coolは「すずしい」という意味もあるよ。

これを知ったらワンダフル!
niceは人に対して使うと「優《やさ》しい」とか「れいぎ正しい」という意味になり、ものに対して使うと「よい」とか「快適《かいてき》な」という意味になるよ。

ぴったり2
練習

学習日　　月　　日

?ぴったりクイズ 答えはこのページの下にあるよ！
アメリカの子どもたちを30年にわたって楽しませ続け、今なお続く人気のテレビ番組は何かな？
① 機関車トーマス　② パワーレンジャー　③ トムとジェリー

教科書 86～95 ページ

かきトリ 英語をなぞり、声に出してみましょう。
できたらチェック！ 書く 話す

□おもしろい
interesting

□すごい
great

□楽しい
fun

□すばらしい
fantastic

□よい、すてきな
nice

□かっこいい
cool

□すばらしい、おどろくほどの
amazing

□美しい
beautiful

□有名な
famous

□それはわくわくします。
It's exciting.

□それはおもしろいです。
It's interesting.

□それはすばらしいです。
It's fantastic.

□それは楽しいです。
It's fun.

ヒント
cool のようにoが2つ続くと発音は[ウー]になるよ。[オー]とは発音しないので注意しよう。

▶読み方がわからないときは、左のページにもどって音声を聞いてみましょう。

やりトリ 自分ならどう伝えるかを書いて、声に出してみましょう。
できたらチェック！ 書く 話す

It's ＿＿＿＿＿＿＿＿＿＿.

つたえるコツ
exciting や amazing、fantastic、beautiful などはどれも気持ちが動いたときに言う言葉なので、表情《ひょうじょう》豊《ゆた》かに身ぶりなども交えて言うと伝わるよ。

▶あてはめる英語は、左のページや付録の小冊《しょうさっ》子《し》、教科書や辞書などから探《さが》してみましょう。

練習ができたら、次はだれかに伝えてみよう！

ぴったりクイズの答え
② パワーレンジャーは日本の「スーパー戦隊シリーズ」をベースにしたアメリカのテレビシリーズで、30年も子どもたちを楽しませているよ。

ぴったり3

確かめのテスト

Lesson 7
I love my town.

時間 30 分

／100

合格 80 点

教科書 86〜95ページ　答え 12ページ

1 音声を聞き、内容《ないよう》に合う絵を下の㋐〜㋓から選び、（　　）に記号を書きましょう。

トラック139

技能　1問5点（10点）

㋐ 

㋑ 

㋒ 

㋓ 

(1)（　　　　　）　(2)（　　　　　）

2 音声を聞き、内容に合う絵を、線で結びましょう。

トラック140

技能　1問完答10点（30点）

(1) 

Naoto

(2) 

Kana

(3) 

Jim

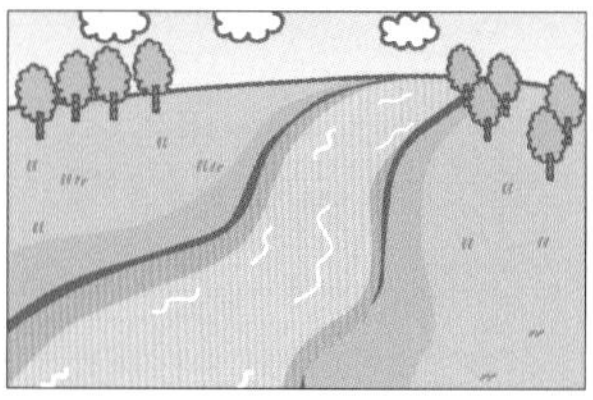

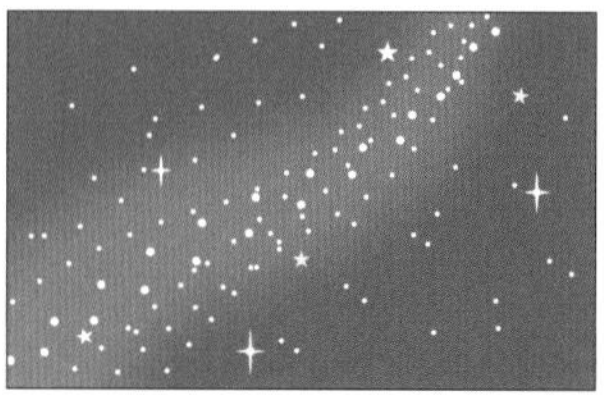

ふりかえり　1がわからないときは、72ページにもどって確認《かくにん》しよう。

3 日本文の意味を表す英語の文になるように、□の中から語を選んで□に書き、全体をなぞりましょう。２回使う語もあります。

1つ5点(30点)

(1) お城《しろ》があります。

We ＿＿＿＿ a ＿＿＿＿.

(2) それは古いです。

It's ＿＿＿＿.

(3) 庭園があります。

We ＿＿＿＿ a ＿＿＿＿.

(4) それは有名です。

It's ＿＿＿＿.

garden　temple　castle　old
new　famous　have

4 ミオが英語で自分の町にあるもののしょうかいをします。日本語のメモを見て□の中から正しい語《ご》句《く》を選んで□に書き、全体をなぞりましょう。

思考・判断・表現　1問10点(30点)

・水族館がある。
・魚を見ることができる。
・それはわくわくする。

(1) We ＿＿＿＿.

(2) We can ＿＿＿＿.

(3) It's ＿＿＿＿.

enjoy swimming　see fish　have an aquarium
have a beach　beautiful　exciting

ぴったり1 準備

3分でまとめ

Lesson 8 My Hero ①

学習日 月 日

めあて

相手の得意なことをたずねたり、自分が得意か得意でないかを答えることができる。

教科書 96〜105ページ

相手の得意なことのたずね方 / 自分が得意か得意でないかの答え方

ききトリ 音声を聞き、声に出してみましょう。 トラック141〜142

Are《アー》 you《ユー》 good《グッド》 at《アット》 cooking《クッキング》?
あなたは料理が得意ですか。

Yes《イエス》, I《アイ》 am《アム》.
はい、得意です。

No《ノウ》, I'm《アイム》 not《ナ(ー)ット》.
いいえ、得意ではありません。

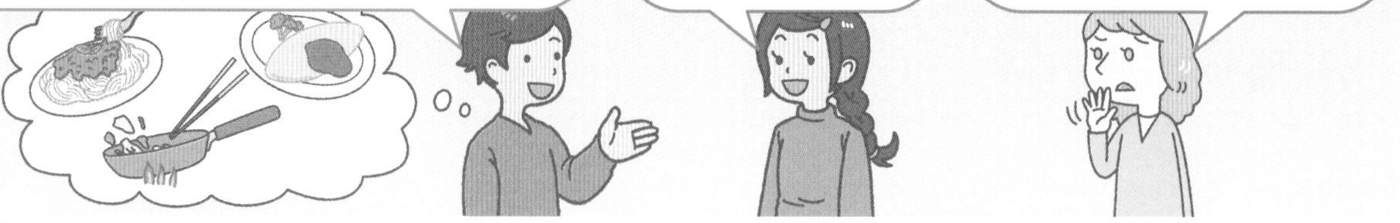

せつめい

たずねる Are you good at 〜?で「あなたは〜が得意ですか。」とたずねることができます。「〜」には、得意かどうかたずねたいことが入ります。

こたえる Yes, I am.で「はい、得意です。」と答えることができます。
No, I'm not.で「いいえ、得意ではありません。」と答えることができます。

ききトリ 音声を聞き、英語の言葉を言いかえて、文を読んでみましょう。 トラック143〜144

Are you good at cooking ?

いいかえよう 何かをすること・スポーツ・教科などを表す英語

□swimming（水泳、泳ぐこと）

□running（走ること）

□singing（歌うこと）

□skiing（スキー〔をすること〕）

□soccer（サッカー）

□tennis（テニス）

□basketball（バスケットボール）

□riding a unicycle（一輪車に乗ること）

□playing the piano（ピアノをひくこと）

□playing the recorder（リコーダーをふくこと）

□English（英語）

□math（算数）

Yes, I am.

No, I'm not.

ワンポイント

goodのあとにatをつけることで、「〜が得意で」の意味になるよ。atをつけ忘《わす》れないようにしよう。

これを知ったらワンダフル！

動作を表す言葉にingをつけると「〜すること」という意味になるよ。例えばsingにingをつけて、singingとすれば「歌うこと」になるよ。

▶ 小冊子《しょうさっし》のp.8〜9で、もっと言葉や表現を学ぼう！

ぴったり2

練習

学習日　　月　　日

?ぴったりクイズ　答えはこのページの下にあるよ！

物理学者アインシュタインが得意で趣味《しゅみ》にしていたものとは何かな？
① 料理　② サーフィン　③ バイオリン

教科書　96～105 ページ

かきトリ　英語をなぞり、声に出してみましょう。

できたらチェック！　書く　話す

□水泳、泳ぐこと
swimming

□走ること
running

□歌うこと
singing

□スキーをすること
skiing

□一輪車に乗ること
riding a unicycle

□ピアノをひくこと
playing the piano

ヒント
swimming は“m”、running は“n”、skiing は“i”が 2 回続くことに注意しよう。また、Yes や No のあとのコンマ(,)を忘れないようにしよう。

□リコーダーをふくこと
playing the recorder

□あなたは料理が得意ですか。
Are you good at cooking?

□はい、得意です。
Yes, I am.

□いいえ、得意ではありません。
No, I'm not.

▶読み方がわからないときは、左のページにもどって音声を聞いてみましょう。

やりトリ　自分はどうたずねるかを書いて、声に出してみましょう。

できたらチェック！　書く　話す

Are you good at ＿＿＿＿＿＿＿＿＿＿?

Yes, I am.

つたえるコツ
「～が得意ですか」と英語で聞くときは、最後を上げて言うと、たずねていることが伝わりやすくなるよ。

▶あてはめる英語は、左のページや付録の小冊子、教科書や辞書などから探《さが》してみましょう。

たずねる練習ができたら、次はだれかの質問《しつもん》に答えてみよう！

ぴったりクイズの答え　③　幼少《ようしょう》のころからバイオリンを習っていて、モーツァルトが大好きだったんだよ。

ぴったり1 準備

Lesson 8 My Hero ②

学習日　月　日

めあて
「〜はだれですか」とたずねたり、身近な人についてしょうかいしたりすることができる。

教科書 96〜105ページ

「〜はだれですか」とたずねる言い方 / 身近な人をしょうかいする言い方

ききトリ 音声を聞き、声に出してみましょう。　トラック145〜146

Who《フー》 is《イズ》 your《ユア》 hero《ヒーロウ》?
あなたのヒーローはだれですか。

My《マイ》 hero《ヒーロウ》 is《イズ》 my《マイ》 father《ファーザァ》.
わたしのヒーローはわたしの父です。

He《ヒー》 is《イズ》 a《ア》 baker《ベイカァ》.
彼《かれ》はパン職人《しょくにん》です。

せつめい

たずねる　Who is 〜?で「〜はだれですか。」とたずねることができます。「〜」には、「あなたのヒーロー」、「あなたの先生」など、たずねたい人が入ります。

こたえる　My hero is 〜.で「わたしのヒーローは〜です。」と答えることができます。続けてHe is 〜.「彼は〜です。」と言うことで、その人物について説明できます。

ききトリ 音声を聞き、英語の言葉を言いかえて、文を読んでみましょう。　トラック147〜150

Who is your hero?

My hero is my father.

いいかえよう 家族・人を表す英語

□my mother(母)

□my brother(兄、弟)

□my sister(姉、妹)

□my grandfather(祖父《そふ》)
□my grandmother(祖母《そぼ》)
□Mr. Sato(サトウさん)

He is a baker.

いいかえよう 職業を表す英語

□an artist(芸術家《げいじゅつか》)

□a musician(ミュージシャン)

□a dentist(歯科医)

□a vet(じゅう医師)

□a cook(料理人)
□a singer(歌手)
□a nurse(看護師《かんごし》)
□a doctor(医師)

□a teacher(先生)

□a police officer(警察官《けいさつかん》)

□a pilot(パイロット)

□a carpenter(大工)

ワンポイント
Who is your hero?とたずねられたら、答えるときはHe is 〜.(彼は〜です。)ではなくMy hero is 〜.(わたしのヒーローは〜です。)で答えるよ。

これを知ったらワンダフル!
"a"は数が1つであることを表す言葉だよ。「ひとりのパン職人」という意味だから、bakerの前に"a"がついているんだよ。

▶小冊子《しょうさっし》のp.22〜23で、もっと言葉や表現を学ぼう！

学習日　月　日

?ぴったりクイズ 答えはこのページの下にあるよ！

アメリカ映画《えいが》の有名なヒーローであるスパイダーマンの表向きの顔は何かな？　① 大学生　② 新聞記者　③ ジムトレーナー

教科書 96～105 ページ

かきトリ 英語をなぞり、声に出してみましょう。

できたらチェック！ 書く 話す

□父 father

□母 mother

□兄、弟 brother

□姉、妹 sister

□芸術家 an artist

□音楽家、ミュージシャン a musician

□歯科医 a dentist

□じゅう医師 a vet

□先生 a teacher

ヒント

father、mother、brother、sister のすべてに“er”がつくよ。人を表す語は、最後が“er”になっていることが多いよ。

□警察官 a police officer

□パイロット a pilot

□あなたのヒーローはだれですか。

Who is your hero?

□わたしのヒーローはわたしの父です。

My hero is my father.

□彼はパン職人です。

He is a baker.

▶読み方がわからないときは、左のページにもどって音声を聞いてみましょう。

やりトリ 自分はどう答えるかを書いて、声に出してみましょう。

できたらチェック！ 書く 話す

Who is your hero?

My hero is ＿＿＿＿＿＿.

He[She] is a[an] ＿＿＿＿＿＿.

つたえるコツ

isのあとを大きくはっきり言おう。相手に、だれが自分のヒーローで、その人が何をしている人かがよく伝わるよ。

▶あてはめる英語は、左のページや付録の小冊子、教科書や辞書などから探《さが》してみましょう。

答える練習ができたら、次はだれかに質問《しつもん》してみよう！

ぴったりクイズの答え ① 大学生だよ。ちなみに②の新聞記者はスーパーマンの表向きの顔だよ。

ぴったり1 準備

Lesson 8 My Hero ③

学習日　　月　　日

めあて
身近な人について、どのような人なのかをしょうかいすることができる。

教科書　96〜105ページ

身近な人について、どのような人なのかをしょうかいする言い方

ききトリ 音声を聞き、声に出してみましょう。　トラック151〜152

My《マイ》 hero《ヒーロウ》 is《イズ》 my《マイ》 mother《マザァ》.
わたしのヒーローはわたしの母です。

She《シー》 is《イズ》 good《グッド》 at《アット》 playing《プレイング》 tennis《テニス》.
彼女《かのじょ》はテニスをすることが得意です。

She《シー》 is《イズ》 kind《カインド》.
彼女は優《やさ》しいです。

せつめい **つたえる** My hero is 〜.で「わたしのヒーローは〜です。」と伝えることができます。「〜」には、しょうかいしたい人が入ります。She is good at 〜.で「彼女は〜が得意です。」と伝えることができます。「〜」にはその人が得意なことが入ります。She is 〜.で「彼女は〜です。」とその人物の人柄《ひとがら》を伝えることができます。「〜」には、性格《せいかく》を表す言葉が入ります。

ききトリ 音声を聞き、英語の言葉を言いかえて、文を読んでみましょう。　トラック153〜156

My hero is my mother.

She is good at **playing tennis** .

いいかえよう 何かをすることを表す英語

□playing golf（ゴルフをすること）

□playing volleyball（バレーボールをすること）

□drawing pictures（絵をかくこと）

□speaking English（英語を話すこと）

□doing *kendo*（剣道《けんどう》をすること）

□playing table tennis（卓球《たっきゅう》をすること）

□growing flowers（花を育てること）

□speaking Chinese（中国語を話すこと）

She is **kind** .

いいかえよう 性格などを表す英語

□active（活発な）

□strong（強い）

□friendly（親しみやすい）

□gentle（優しい）

□funny（おもしろい）

□brave（勇敢《ゆうかん》な）

□cute（かわいい）

□smart（かしこい）

ワンポイント
ヒーローが男性《だんせい》の場合はShe（彼女は）ではなく、He（彼《かれ》は）で始めるよ。

これを知ったらワンダフル！
日本語だと「ゴルフをすること」でゴルフを先に言うけれど、英語だとplaying golf「すること→ゴルフ」のように逆《ぎゃく》の順番になるんだよ。

▶小冊子《しょうさっし》のp.20〜21で、もっと言葉や表現を学ぼう！

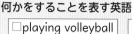

ぴったり2

練習

学習日　　月　　日

?ぴったりクイズ 答えはこのページの下にあるよ！

アメリカで最も有名な日本人女性の１人、近藤《こんどう》麻《ま》理《り》恵《え》さんは自分の名前がKonMariという英語にもなった人です。何で有名になったかな？
①　和服デザイナー　　②　料理研究家　　③　片《かた》づけ

教科書　96〜105 ページ

がきトリ　英語をなぞり、声に出してみましょう。

できたらチェック！　書く　話す

□ゴルフをすること
playing golf

□バレーボールをすること
playing volleyball

□絵をかくこと
drawing pictures

□英語を話すこと
speaking English

ヒント
volleyball は volley と ball をくっつけて書こう。また、English は E を大文字にするよ。

□活発な
active

□強い
strong

□親しみやすい
friendly

□わたしのヒーローはわたしの母です。
My hero is my mother.

□彼女はテニスをすることが得意です。
She is good at playing tennis.

□彼女は優しいです。
She is kind.

▶読み方がわからないときは、左のページにもどって音声を聞いてみましょう。

やりトリ　自分はどう伝えるかを書いて、声に出してみましょう。

できたらチェック！　書く　話す

My hero is my mother.
She is good at ＿＿＿＿＿＿.
She is ＿＿＿＿＿＿.

つたえるコツ
得意なことを表す言葉と、性格を表す言葉を大きくはっきりと言おう。自分のヒーローについて、相手によく伝わるよ。

▶あてはめる英語は、左のページや付録の小冊子、教科書や辞書などから探《さが》してみましょう。

練習ができたら、次はだれかに伝えてみよう！

ぴったりクイズの答え　③　ときめくかどうかで捨《す》てないものを決める「こんまりメソッド」を考えた人だよ。

ぴったり3 確かめのテスト

Lesson 8 My Hero

時間 30分

／100

合格 80点

教科書 96〜105ページ　答え 13ページ

1 音声を聞き、内容《ないよう》に合う絵を下の㋐〜㋓から選び、(　　)に記号を書きましょう。

トラック157

技能　1問10点(20点)

㋐ 

㋑ 

㋒ 

㋓ 

(1) (　　　　)　(2) (　　　　)

2 音声を聞き、内容に合う絵を、線で結びましょう。

トラック158

技能　1問完答10点(30点)

(1)

エンドウさん

(2)

アオキさん

(3)

モリタさん

活発な

強い

親しみやすい

優《やさ》しい

ふりかえり ❶がわからないときは、80ページにもどって確認《かくにん》しよう。

学習日　　月　　日

3 日本文の意味を表す英語の文になるように、［　　］の中から語《ご》句《く》を選んで［　　］に書き、全体をなぞりましょう。文の最初の文字は大文字で書きましょう。

1つ4点(20点)

(1) あなたは料理が得意ですか。

Are you ＿＿＿＿ cooking?

(2) はい、得意です。

Yes, ＿＿＿＿ .

(3) あなたのヒーローはだれですか。

＿＿＿＿ is your hero?

(4) わたしのヒーローはわたしの母です。

＿＿＿＿ hero is ＿＿＿＿ .

I am　　good at　　my　　who　　my mother

4 リクトが英語で自分のヒーローについてしょうかいをします。絵に合うように［　　］の中から正しい語《ご》句《く》を選んで［　　］に書き、全体をなぞりましょう。

思考・判断・表現　1問10点(30点)

(1) My hero is ＿＿＿＿ .

(2) He is ＿＿＿＿ .

(3) He is ＿＿＿＿ .

my sister　　my father　　good at dancing

good at skiing　　kind　　strong

この本の終わりにある「春のチャレンジテスト」をやってみよう！

この本の終わりにある「学力診断《しんだん》テスト」をやってみよう！

パズルにチャレンジ！

1 絵に合う英語を３つ見つけて○でかこみましょう。

s	l	e	e	p	y	s	k
z	f	u	q	m	l	a	s
b	a	s	e	b	a	l	l
t	v	y	w	d	e	a	c
g	b	m	z	r	i	b	t
u	m	b	r	e	l	l	a

2 絵に合う英語になるように、□にアルファベットを書きましょう。

	p		n	g		i	n
				r			
				e			
				e			
t	r	i	a			l	e

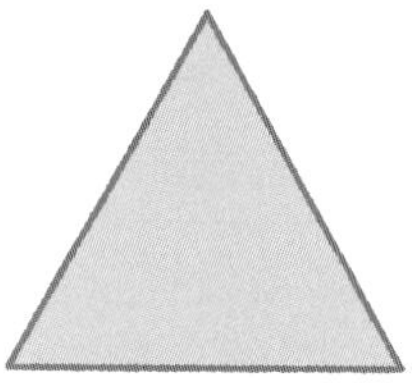

【こたえ】

1

s	l	e	e	p	y	s	k
z	f	u	q	m	l	a	s
b	a	s	e	b	a	l	l
t	v	y	w	d	e	a	c
g	b	m	z	r	i	b	t
u	m	b	r	e	l	l	a

2

	p	e	n	g	u	i	n
				r			
				e			
				e			
t	r	i	a	n	g	l	e

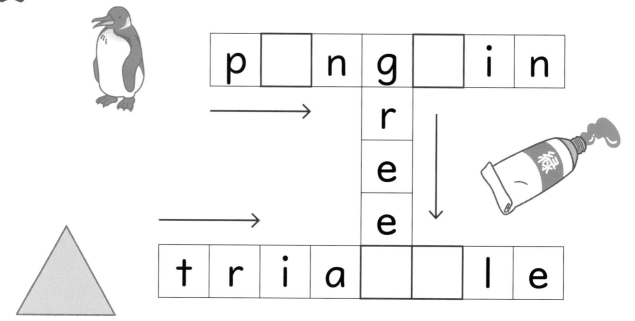

スピーキングにチャレンジ

スピーキングアプリ

このマークがあるページで、アプリを使うよ！

はじめに

- この章《しょう》は、ふろくの専用《せんよう》アプリ「ぴたトレスピーキング」を使用《しよう》して学習《がくしゅう》します。
  以下《いか》のストアから「ぴたトレスピーキング」と検索《けんさく》、ダウンロードしてください。

Google Play で手に入れよう　　App Store からダウンロード

- 学習《がくしゅう》する学年をえらんだら、以下のアクセスコードを入力してご利用《りよう》ください。

426　※このアクセスコードは学年によって異なります。

- くわしい使い方は、アプリの中の「このアプリについて」をご確認《かくにん》ください。

アプリのせつめい

- このアプリでは、英語を話す練習ができます。
- 会話のときは、役になりきって、じっさいの会話のようにターンごとに練習することができます。
- スコアは「発音」「よくよう（アクセント）」をもとに判定《はんてい》されます。

スピーキング紙面のせつめい

はじめに　単語《たんご》の発音《はつおん》を練習《れんしゅう》しましょう。

1 happy　2 tired

やりトリ　会話の練習をしましょう。

エミとケンタがあいさつをしています。アプリに音声をふきこんで、正しい発音を身につけましょう。

Emi：Hello. How are you?
こんにちは。お元気ですか。

Kenta：I'm great, thank you.
とても元気です、ありがとうございます。

やりトリ　もう一度練習をしましょう。

アプリを使って、会話の練習をしましょう。80点がとれたら、今度は　　の言葉を自分で言いかえてみましょう。

Emi : Hello. How are you?
Kenta : I'm great, thank you.
・fine　・sleepy　・hungry

単語の発音の練習をしましょう。

会話の練習をします。
どちらか一方になったつもりで話してみましょう。
一方が終わったら、もう一方のターンの練習もすることができます。

言いかえることのできる言葉を選《えら》んで、読んでみましょう。

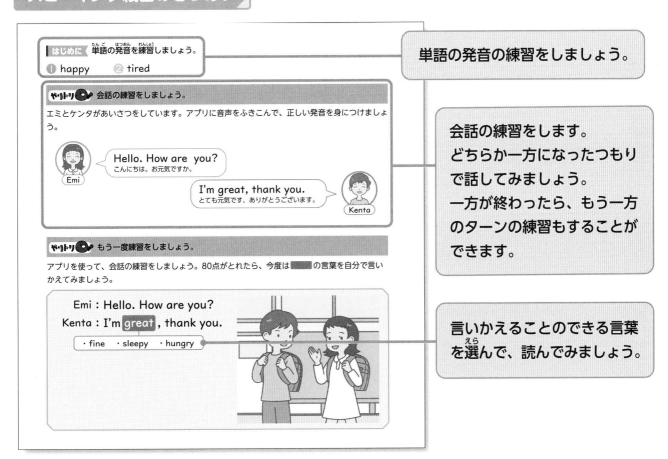

学習日　　月　　日

第1回　自己しょうかいをする

スピーキングアプリ

はじめに　単語の発音を練習しましょう。

❶ white　　❷ volleyball　　❸ foxes

やりトリ　会話の練習をしましょう。

エミとケンタがお互いの名前と好きなものについて話しています。アプリに音声をふきこんで、正しい発音を身につけましょう。

How do you spell your name?
あなたはどのように名前をつづりますか。

K-E-N-T-A. Kenta.
K-E-N-T-A. ケンタです。

What sport do you like?
何のスポーツがすきですか。

I like tennis.
わたしはテニスがすきです。

やりトリ　発表の練習をしましょう。

教室で行われている発表について、エミになったつもりでアプリを使って練習してみましょう。
80点がとれたら、今度は ■ の言葉を自分で言いかえてみましょう。

Hello, my name is Emi. E-M-I.

I like **horses** .

・koalas　・foxes　・lions

I don't like **table tennis** .

・soccer　・badminton　・dodgeball

学習日　　月　　日

第2回 たん生日やほしいものをいう

スピーキングアプリ

はじめに 単語の発音を練習しましょう。

❶ February　　❷ ruler　　❸ thirty　　❹ scissors

やりトリ 会話の練習をしましょう。

エミとケンタがたん生日について話しています。アプリに音声をふきこんで、正しい発音を身につけましょう。

When is your birthday?
あなたのたん生日はいつですか。

My birthday is April 13th.
わたしのたん生日は4月13日です。

What do you want for your birthday?
あなたはたん生日になにがほしいのですか。

I want a new watch.
わたしは新しいうで時計がほしいです。

やりトリ 発表の練習をしましょう。

教室で行われている発表について、エミになったつもりでアプリを使って練習してみましょう。
80点がとれたら、今度は■の言葉を自分で言いかえてみましょう。

My birthday is August 22nd.

・12th　・20th　・31st

I want a white pencil case.

・a blue cap　・a pink cup　・a black bike

学習日　　月　　日

第3回 できること/できないことを伝える

スピーキングアプリ

はじめに 単語の発音を練習しましょう。

① run　　② turn　　③ xylophone

やりトリ 会話の練習をしましょう。

エミとケンタがお互いのできることとできないことについて話しています。アプリに音声を吹き込んで、正しい発音を身につけましょう。

Can you swim fast?
あなたは速く泳ぐことができますか。

Yes, I can. I can swim fast.
How about you?
はい、わたしは速く泳ぐことができます。あなたはどうですか。

I can't swim fast. Can you dance?
わたしは速く泳ぐことができません。
あなたはダンスをすることができますか。

No, I can't. I can't dance.
いいえ、わたしはダンスをすることができません。

やりトリ 発表の練習をしましょう。

教室で行われている発表について、エミになったつもりでアプリを使って練習してみましょう。
80点がとれたら、今度は■の言葉を自分で言いかえてみましょう。

I like **music.**

・arts and crafts.　・P.E.　・home economics.

I can **play the piano**.

・draw pictures well　・run fast　・cook

I can't **ride a unicycle**.

・sing well　・play baseball　・ride a horse

学習日　　月　　日

第4回　身近な人をしょうかいする

スピーキングアプリ

はじめに　単語の発音を練習しましょう。

① astronaut　② girl　③ aunt

やりトリ　会話の練習をしましょう。

エミとケンタが、写真の人物について話しています。アプリに音声をふきこんで、正しい発音を身につけましょう。

Emi

Who is this?
こちらはどなたですか。

Kenta

This is Hayato. He is my brother.
He is very active.
こちらははやとです。彼はわたしの兄です。彼はとても活動的です。

Emi

Can he play soccer well?
彼はサッカーを上手にすることができますか。

Kenta

Yes, he can.
はい、できます。

やりトリ　発表の練習をしましょう。

エミが写真を見せながら発表しています。エミになったつもりでアプリを使って練習してみましょう。80点がとれたら、今度は■の言葉を自分で言いかえてみましょう。

This is Hana. She is my **sister**.

・friend　・cousin　・neighbor

She is **brave**.

・funny　・kind　・smart

She can **play the recorder**.

・cook curry　・sing the ABC song　・play *shogi*

学習日　　月　　日

第5回 道案内をする

スピーキングアプリ

はじめに 単語の発音を練習しましょう。

1 library　　2 aquarium　　3 restaurant

やりトリ 会話の練習をしましょう。

エミとケンタが、街にあるものについて話しています。アプリに音声をふきこんで、正しい発音を身につけましょう。

What do you have in your town?
あなたの街にはなにがありますか。

We have a famous castle.
有名なお城があります。

Where is the castle?
そのお城はどこですか。

Go straight for three blocks.
You can see it on your right.
3つ角をまっすぐ行きます。右に見えます。

やりトリ 発表の練習をしましょう。

エミが道案内をしています。エミになったつもりでアプリを使って練習してみましょう。80点がとれたら、今度は■の言葉を自分で言いかえてみましょう。

We have a great **shrine** in our town.
・stadium　・temple　・aquarium

It's by the **hospital**.
・zoo　・museum　・station

Go straight for two blocks. You can see it on your **left**.
・right

学習日　　月　　日

第6回　レストランで注文をする

スピーキングアプリ

はじめに　単語の発音を練習しましょう。

1 noodles　　2 sour

やりトリ　会話の練習をしましょう。

ケンタがお店で注文をしています。アプリに音声をふきこんで、正しい発音を身につけましょう。

What would you like?
何になさいますか。

I'd like pizza, French fries,
and mineral water. How much is it?
ピザと、ポテトフライと、ミネラルウォーターをお願いします。
いくらですか。

It's 980yen.
980円です。

やりトリ　発表の練習をしましょう。

エミが好きな食べ物について発表しています。エミになったつもりでアプリを使って練習してみましょう。80点がとれたら、今度は■の言葉を自分で言いかえてみましょう。

This is **a vegetable pizza** .

・ramen　・shaved ice　・cheese omelet

It's **spicy** .

・hot　・cold　・soft

It's **480** yen.

・500　・350　・830

学習日　　月　　日

第7回　あこがれの人をしょうかいする

スピーキングアプリ

はじめに　単語の発音を練習しましょう。

1 shy　　2 shoulder　　3 farmer

やりトリ　会話の練習をしましょう。

エミとケンタがあこがれの人について話しています。アプリに音声をふきこんで、正しい発音を身につけましょう。

Emi

Who is your hero?
あなたのヒーローはだれですか。

Kenta

My hero is a famous singer.
She is good at singing
and playing the guitar.
わたしのヒーローは有名な歌手です。
彼女は歌うこととギターをひくことが得意です。

Emi

That’s great.
それはすてきですね。

やりトリ　発表の練習をしましょう。

教室で行われている発表について、エミになったつもりでアプリを使って練習してみましょう。
80点がとれたら、今度は■の言葉を自分で言いかえてみましょう。

My hero is my father.

He is **a teacher**.

・a firefighter　・a writer　・a farmer

He is good at **fishing**.

・playing soccer　・speaking English　・swimming

He is **great**.

・amazing　・kind　・strong

夏のチャレンジテスト

教科書 14〜43ページ

月　日
名前

時間 40分

知識・技能	思考・判断・表現	合格80点
/50	/50	/100

答え 14〜15ページ

知識・技能

1 音声の内容《ないよう》に合う絵を下から選び、(　　)に記号を書きましょう。

トラック159　1問4点(8点)

㋐
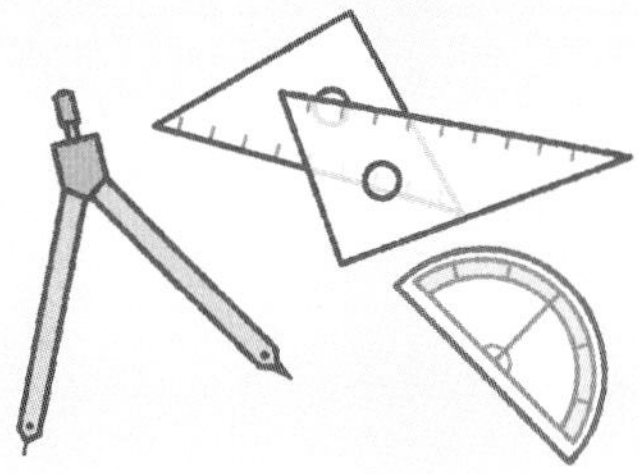
㋑

㋒

(1)(　　　) (2)(　　　)

2 会話の内容に合う絵を下から選び、(　　)に記号を書きましょう。

トラック160　1問4点(12点)

(1) ㋐

㋑

㋒

(2) ㋐

㋑

㋒

(3) ㋐

㋑
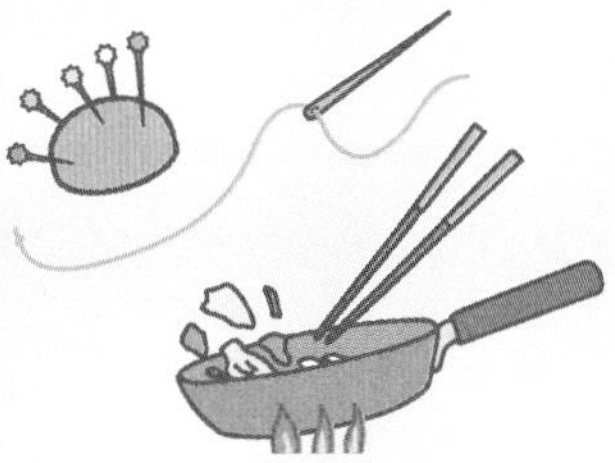
㋒

(1)(　　　) (2)(　　　) (3)(　　　)

(切り取り線)

思考・判断・表現

7

絵に合わせて、質問《しつもん》に答えましょう。グレーの部分はなぞり、[　]の中から正しいことばを選んで[　]に書きましょう。

1問5点（15点）

(1)　What sport do you like?

I like [　　　　] .

(2)　What do you want?

I want [　　　　] .

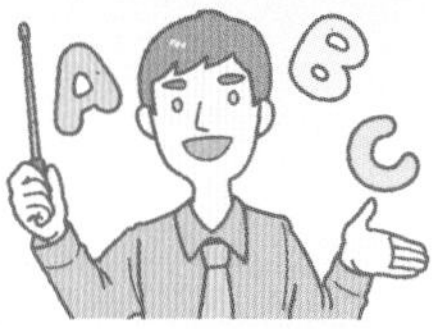

(3)　What subject do you have on Thursdays?

I have [　　　　] .

badminton	tennis
a bag	a racket
Japanese	English

8

日本文に合うように、グレーの部分はなぞり、[　]にことばを入れましょう。

1問5点（10点）

(1)　わたしの誕生日は１月１日です。

My birthday is [　　　　] .

(2)　わたしは医者になりたいです。

I [　　　　] be a doctor .

（切り取り線）

5 イラストの内容に合うことばを［　］の中から選び、［　］に書きましょう。

1問5点(15点)

(1)

(2)

(3)

nurse　cook　pilot

（切り取り線）

6 日本文に合うように、グレーの部分はなぞり、［　］の中からことばを選び、［　］に書きましょう。文の最初の文字は大文字で書きましょう。

1問5点(15点)

(1) あなたは何のくだものが好きですか。

［　］ fruit do you like?

(2) あなたの誕生《たんじょう》日《び》はいつですか。

［　］ is your birthday?

(3) 火曜日には何(の教科)がありますか。

What do you ［　］ on Tuesdays?

when　what　have

思考・判断・表現

3 会話の内容に合う絵を、下のふきだし内の絵からすべて選んで○で囲みましょう。

トラック161　1つ5点(15点)

4 音声の内容に合うように(　　)に日本語を書きましょう。

トラック162　1問5点(10点)

(1) カナミは何のスポーツをしますか。　(　　　　)

(2) カナミの好きな動物は何ですか。　(　　　　)

(切り取り線)

うらにも問題があります。

冬のチャレンジテスト

教科書 50〜79ページ

月　　日

名前

時間 40分

知識・技能	思考・判断・表現	合格80点
/50	/50	/100

答え 16〜17ページ

知識・技能

1 音声の内容《ないよう》に合う絵を下から選び、(　　)に記号を書きましょう。

トラック163　1問4点(8点)

㋐

㋑

㋒

(1)(　　　)　(2)(　　　)

2 会話の内容に合う絵を下から選び、(　　)に記号を書きましょう。

トラック164　1問4点(12点)

(1)

㋐

㋑

㋒

(2)

㋐

㋑

㋒

(3)

㋐

480 yen

㋑

780 yen

㋒

580 yen

(1)(　　　)　(2)(　　　)　(3)(　　　)

(切り取り線)

思考・判断・表現

7 絵を見て質問《しつもん》に答えましょう。グレーの部分はなぞり、［　　］の中から正しいことばを選んで［　　］に書きましょう。

1問5点（15点）

(1) Where is the pen?

It's ______ .

(2) What would you like?

I'd like ______ .

(3) How much is it?

It's ______ .

in the box	on the desk
spaghetti	pizza
840 yen	540 yen

8 日本文に合うように、グレーの部分はなぞり、［　　］にことばを入れましょう。文の最初の文字は大文字で書きましょう。

1問5点（10点）※(2)は完答

(1) これは何ですか。

______ this?

(2) それはみそ汁です。それは健康によいです。

It's miso soup. ______ ______ .

（切り取り線）

知識・技能

5 イラストの内容に合うことばを　　の中から選び、　　に書きましょう。

1問5点（15点）

(1) 

(2) 

(3) 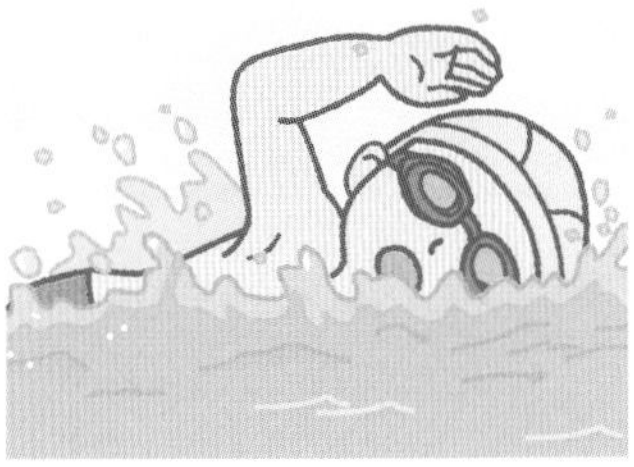

sing well　　swim fast　　run fast

6 日本文に合うように、グレーの部分はなぞり、　　の中からことばを選び、　　に書きましょう。文の最初の文字は大文字で書きましょう。

1問完答で5点（15点）

(1) 彼《かれ》はサッカーをすることができます。

play soccer.

(2) 彼はけん玉をすることができません。

play kendama.

(3) 彼女《かのじょ》は上手におどることができます。

dance well.

she　　he　　can　　can't

（切り取り線）

思考・判断・表現

3 会話の内容に合う絵の位置を地図のア～オから選んで記号を書きましょう。

トラック165　1問5点（15点）

(1)

（　　）

(2)

（　　）

(3)

（　　）

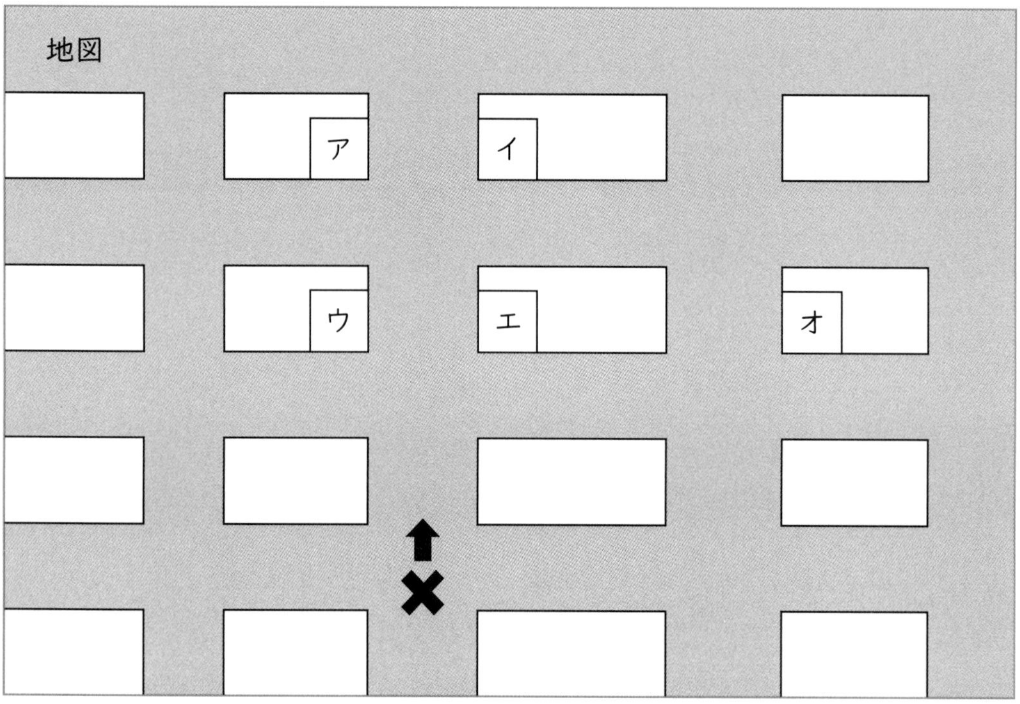

4 音声の内容に合うように（　　）に日本語を書きましょう。

トラック166　1問5点（10点）

(1)　コウタのお気に入りの場所はどこですか。　（　　　　　）

(2)　それはどこの近くにありますか。　（　　　　　）

（切り取り線）

うらにも問題があります。

春のチャレンジテスト

教科書　86～105ページ

月　　日

名前

時間　40分

知識・技能	思考・判断・表現	合格80点
/50	/50	/100

答え 18～19ページ

知識・技能

1 音声の内容に合う絵を下から選び、(　　)に記号を書きましょう。

トラック167　1問4点(8点)

㋐

㋑
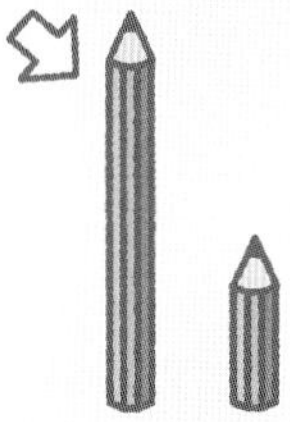

㋒

(1)(　　　)　(2)(　　　)

2 音声の内容に合う絵を下から選び、(　　)に記号を書きましょう。

トラック168　1問4点(12点)

(1)
㋐

㋑

㋒

(2)
㋐

㋑

㋒

(3)
㋐
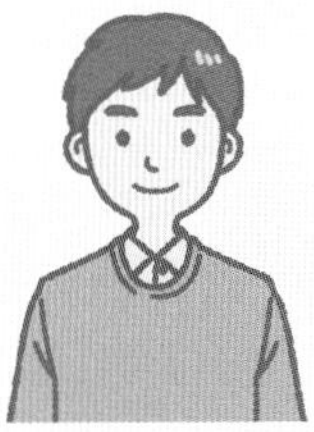
father

㋑

Mrs. Tanaka

㋒

Mr. Sato

(1)(　　　)　(2)(　　　)　(3)(　　　)

（切り取り線）

思考・判断・表現

7

絵の内容に合わせて、質問《しつもん》に答えましょう。グレーの部分はなぞり、[ ]の中から正しいことばを選んで[ ]に書きましょう。文の最初の文字は大文字で書きましょう

1問5点(15点)

(1) Are you good at cooking?

[ ]

(2) Who is Endo Sayumi?

She is [ ].

(3) Who is your hero?

My hero is [ ].

No, I'm not.	Yes, I am.
a singer	a teacher
my grandmother	my grandfather

8

日本文に合うように、グレーの部分はなぞり、[ ]にことばを入れましょう。文の最初の文字は大文字で書きましょう。

1問5点(10点)

(1) わたしのヒーローは、わたしの母です。

[ ] is my mother.

(2) 彼女《かのじょ》は看護師《かんごし》です。

[ ] a nurse.

(切り取り線)

5 イラストの内容に合うことばを[ ]の中から選び、[ ]に書きましょう。

1問5点（15点）

(1)

(2)

(3)

hospital　library　zoo

（切り取り線）

6 日本文に合うように、グレーの部分はなぞり、[ ]の中からことばを選び、[ ]に書きましょう。

1問5点（15点）※(2)は完答

(1) 湖があります。

We [ ] a lake.

(2) わたしたちは泳ぐことを楽しむことができます。

We [ ] [ ] swimming.

(3) それはわくわくします。

It's [ ].

enjoy　can　exciting　have

思考・判断・表現

3 自分たちの町について発表します。

音声の内容に合う絵を左と右で結びましょう。 トラック169 1問完答で5点(15点)

(1) 

美しい

有名な

(2) 

すごい

(3) 

わくわくする

4 音声の内容に合うように(　　)に日本語を書きましょう。

トラック170 1問5点(10点)

(1) サキのヒーローはだれですか。 (　　　　　　　　)

(2) サキのヒーローは何が得意ですか。 (　　　　　　　　)

（切り取り線）

うらにも問題があります。

思考・判断・表現

3 音声を聞き、それぞれの好きな教科と得意なことを線で結びましょう。

トラック173　1問完答で5点(15点)

(1)

Taiga

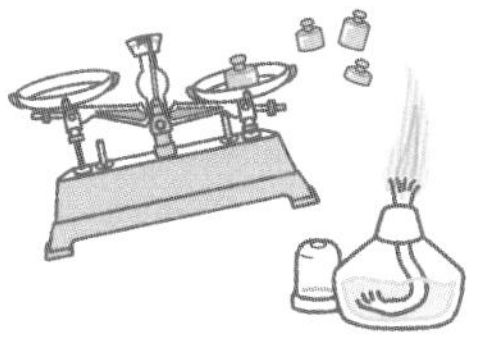

(2)

Keiko

(3)

Kevin

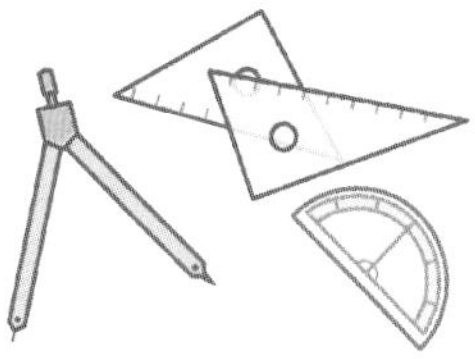

4 ポスターを見ながら案内を聞き、下の質問に日本語で答えましょう。

トラック174　1問5点(10点)

School Camp

September 15-17
arts and crafts
calligraphy
cooking
sports & dancing
speaking English

(1)　何のスポーツが楽しめますか。3つ答えましょう。

(　　　　　　　　　　　　　　　　　　　　　　　　　)

(2)　昼食には何を作りますか。

(　　　　　　　　　　　)

(切り取り線)

うらにも問題があります。

知識・技能

5 絵を見て、その内容を示す英語を、[ ]の中から選んで[ ]に書きましょう。

1問5点(15点)

(1)

(2)

(3)

Wednesday　guitar　Tuesday

6 日本文に合うように、グレーの部分はなぞり、[ ]の中から英語を選び、[ ]に書きましょう。文の最初の文字は大文字で書きましょう。

1問完答で5点(15点)

(1) わたしはたいてい食卓《しょくたく》の用意をします。

I ＿＿＿＿ set the table.

(2) わたしはピザを食べたいです。

I ＿＿＿＿ to ＿＿＿＿ pizza.

(3) カナダに行きましょう。

＿＿＿＿ ＿＿＿＿ to Canada.

go　eat　let's　usually　want

(切り取り線)

7 絵の中の男の子になったつもりで自己しょうかいをしましょう。グレーの部分はなぞり、[ ]の中から正しい英語を選んで[ ]に書きましょう。

1問5点(15点)

(1) Hi, [ ].

(2) I [ ].

(3) [ ].

I'm good at playing tennis　　I'm Riku
can swim　　can run fast

8 日本文に合うように、グレーの部分はなぞり、[ ]に英語を入れましょう。文の最初の文字は大文字で書きましょう。

1問5点(10点)

(1) わたしはじょうずにおどることができません。

[ ] well.

(2) あなたはどこへ行きたいですか。

[ ] to go?

(切り取り線)

5年
英語のまとめ

学力診《しん》断《だん》テスト

月　　日
名前

時間 40分

知識・技能	思考・判断・表現	合格80点
/50	/50	/100

答え20〜21ページ

知識・技能

1 音声の内容に合う絵を下から選び、(　　)に記号を書きましょう。

トラック171　1問4点(8点)

㋐

㋑

㋒

12月

(1)(　　)　(2)(　　)

2 会話の内容に合う絵を下から選び、(　　)に記号を書きましょう。

トラック172　1問4点(12点)

(1) ㋐

㋑

㋒

(2) ㋐
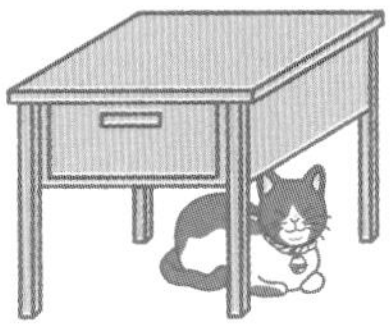

㋑
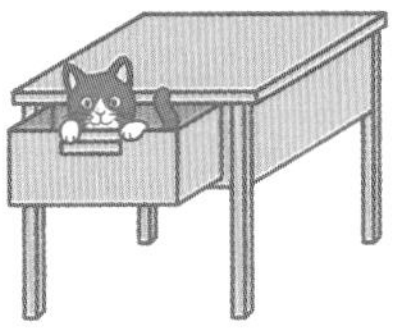

㋒

(3) ㋐

㋑

㋒

(1)(　　)　(2)(　　)　(3)(　　)

(切り取り線)

教科書ぴったりトレーニング

丸つけラクラク解答

この「丸つけラクラク解答」は
とりはずしてお使《つか》いください。

開隆堂版
英語5年

「丸つけラクラク解答」では問題《もんだい》と同じ紙面《しめん》に、赤字で答えを書いています。

①問題がとけたら、まずは答え合わせをしましょう。

②まちがえた問題やわからなかった問題は、てびきを読んだり、教科書を読み返したりしてもう一度《いちど》見直しましょう。

おうちのかたへ では、次のようなものを示しています。

- 学習のねらいやポイント
- 他の学年や他の単元の学習内容とのつながり
- まちがいやすいことやつまずきやすいところ

お子様への説明や、学習内容の把握などにご活用ください。

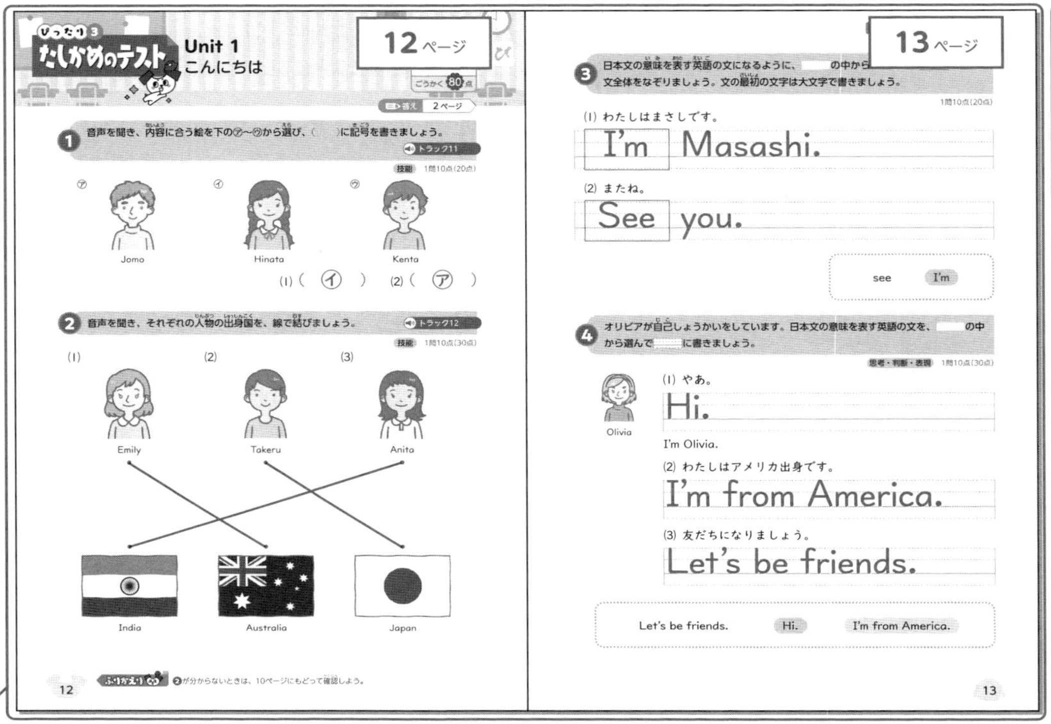
ぴったり3 たしかめのテスト Unit 1 こんにちは
12ページ
ごうかく80点 答え 2ページ

1 音声を聞き、内容に合う絵を下の㋐～㋒から選び、（ ）に記号を書きましょう。 トラック11
技能 1問10点(20点)
㋐ Jomo ㋑ Hinata ㋒ Kenta
(1)（ ㋑ ） (2)（ ㋐ ）

2 音声を聞き、それぞれの人物の出身国を、線で結びましょう。 トラック12
技能 1問10点(30点)
(1) Emily (2) Takeru (3) Anita
India Australia Japan

ふりかえり 2が分からないときは、10ページにもどって確認しよう。
12

13ページ

3 日本文の意味を表す英語の文になるように、 の中から文全体をなぞりましょう。文の最初の文字は大文字で書きましょう。
1問10点(20点)
(1) わたしはまさしです。
I'm Masashi.
(2) またね。
See you.
see I'm

4 オリビアが自己しょうかいをしています。日本文の意味を表す英語の文を、 の中から選んで に書きましょう。
思考・判断・表現 1問10点(30点)
Olivia
(1) やあ。
Hi.
I'm Olivia.
(2) わたしはアメリカ出身です。
I'm from America.
(3) 友だちになりましょう。
Let's be friends.
Let's be friends. Hi. I'm from America.
13

見やすい答え

1 Hello.(こんにちは。)やHi.(やあ。)というあいさつのあとに、I'm ～.(わたしは～です。)と名前が読まれます。I'mのあとの名前に注意《ちゅうい》して聞き取《と》りましょう。

2 I'm from ～.(わたしは～出身《しゅっしん》です。)と出身国を伝《つた》える英語《えいご》が読まれます。fromのあとの国を表《あらわ》す言葉《ことば》に注意して聞き取りましょう。

3 名前を伝える表現《ひょうげん》と、別《わか》れのあいさつを練習《れんしゅう》しましょう。See you.(またね。)は人と別れるときに使《つか》うあいさつです。

4 自己《じこ》しょうかいをするときは、はじめにあいさつをして、名前や出身国を伝えます。最後《さいご》にLet's be friends.(友だちになりましょう。)などと言うのもよいでしょう。

くわしいてびき

読まれる英語

1 (1)Hello! I'm Hinata.
(2)Hi. I'm Jomo.

2 (1)I'm Emily. I'm from Australia.
(2)I'm Takeru. I'm from Japan.
(3)Hello. I'm Anita. I'm from India.

読まれる英語

おうちのかたへ

このユニットではあいさつや自分の名前と出身国の伝え方を練習しました。日常生活でお子さまとHi.やSee you.などのあいさつを交わしたり、簡単な自己紹介をしあったりして、英語に触れる時間をとってみてください。

おうちのかたへ

※紙面はイメージです。

12ページ

ぴったり3 確かめのテスト
Lesson 1−① Hello, everyone.

合格80点

教科書 14〜23ページ　答え 2ページ

1 音声の内容《ないよう》に合う名前を下の㋐〜㋒から選び、(　)に記号を書きましょう。　トラック11

技能 1問10点(20点)

㋐ Sophia　㋑ Satoru　㋒ Andy

(1)(㋒)　(2)(㋐)

2 音声を聞き、それぞれの人物のあいさつと好きな動物を、線で結びましょう。　トラック12

技能 1問完答10点(30点)

(1)　(2)　(3)

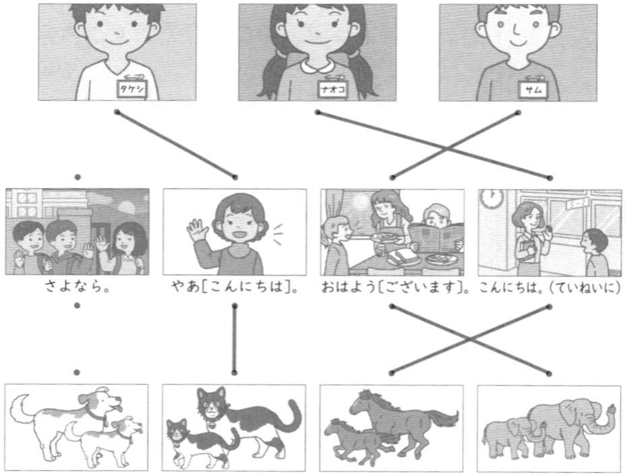

12　ふりかえり　2がわからないときは、8ページにもどって確認《かくにん》しよう。

13ページ

3 日本文に合う英語の文になるように、　の中から語句《ごく》を選び、全体をなぞりましょう。文の最初の文字は大文字で書きましょう。

1つ5点(20点)

(1) こんにちは。わたしの名前はタナカリオです。

Hello.

My name is Tanaka Rio.

(2) わたしはイヌが好きです。

I like dogs.

like　my name　dogs　hello

4 ダニエルとサクラが話をしています。日本文に合う英語の文を、　の中から選んで　に書きましょう。

思考・判断・表現 1問10点(30点)

(1) わたしの名前はダニエルです。

My name is Daniel.

(2) あなたはあなたの名前をどのようにつづりますか。

How do you spell your name?

(3) ディー・エイ・エヌ・アイ・イー・エル。ダニエルです。

D-A-N-I-E-L. Daniel.

How do you spell your name?　D-A-N-I-E-L. Daniel.　My name is Daniel.

13

読まれる英語

1 (1)A: How do you spell your name?
B: A-N-D-Y. Andy.
(2)A: How do you spell your name?
B: S-O-P-H-I-A. Sophia.

2 (1)Hi. My name is Takeshi.
I like cats.
(2)Good afternoon. My name is Naoko.
I like horses.
(3)Good morning. My name is Sam.
I like elephants.

おうちのかたへ

このレッスンでは、My name is 〜.(わたしの名前は〜です。)という言い方を学びました。また、How do you spell your name?(あなたはあなたの名前をどのようにつづりますか。)とたずねる言い方とその答え方として、アルファベットで自分の名前のスペルの言い方を学びました。お子さまといろいろな名前のスペルを言ってみる練習をしてみてください。

1 How do you spell your name?のあとに、名前のつづりが読まれます。㋐と㋑は両方ともSで始まるので、Sのあとのつづりを注意して聞き取りましょう。

2 あいさつのあとにMy name is 〜.(わたしの名前は〜です。)と読まれます。それからI like 〜.(わたしは〜が好きです。)と好きなものが伝えられます。あいさつと人物の名前、動物の名前に注意して聞き取りましょう。

3 (1)「わたしの名前は〜です。」はMy name is 〜.と言います。文の初めを大文字にすることに注意しましょう。

4 My name is Daniel.のあとに、How do you spell your name?とサクラが相手の名前の文字をたずねています。答えるときは、アルファベットを1文字ずつ区切って言ったあと、名前を言います。

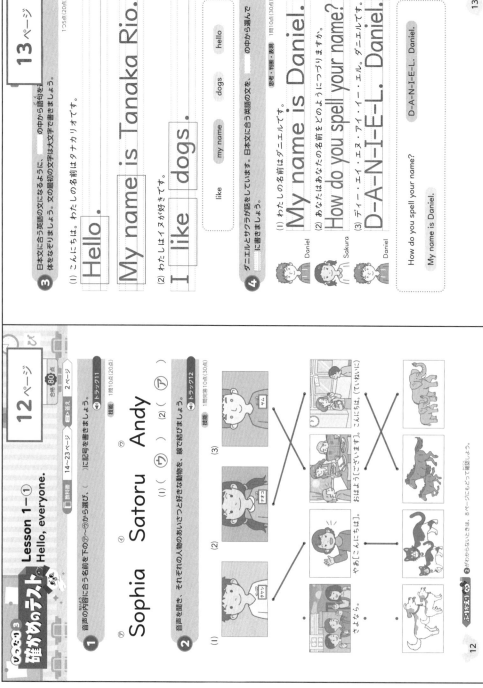

18ページ

ぴったり3 確かめのテスト

Lesson 1－②
Hello, everyone.

合格80点

教科書 14～23ページ　答え 3ページ

❶ 音声を聞き、内容《ないよう》に合う絵を下の㋐～㋒から選び、（　）に記号を書きましょう。 トラック25

技能 1問10点(20点)

(1)（ ㋒ ）　(2)（ ㋑ ）

❷ シンヤ、アカネ、ケンの3人それぞれに、先生が質問《しつもん》しました。3人それぞれが答えた内容に合う絵を線で結びましょう。 トラック26

技能 1問10点(30点)

(1)　(2)　(3)

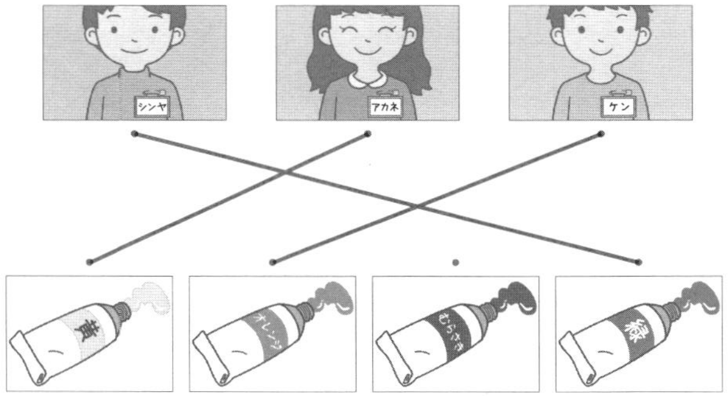

ふりかえり ❷がわからないときは、14ページにもどって確認《かくにん》しよう。

18

19ページ

❸ 日本文に合う英語の文になるように、［　］の中から語を選んでなぞりましょう。文の最初の文字は大文字で書きましょう。

1つ4点(20点)

(1) あなたは何のくだものが好きですか。

What fruit do you like?

(2) わたしはモモが好きです。

I like peaches.

(3) わたしもです。

Me too.

like　fruit　too　what　peaches

❹ エマが3つの質問をされて答えています。それぞれの答えの文に合う質問文を［　］の中から選んで［　］に書きましょう。それぞれの文は1回しか使えません。

思考・判断・表現 1問10点(30点)

Emma

(1) What sport do you like?

— I like volleyball.

(2) What vegetable do you like?

— I like potatoes.

(3) What food do you like?

— I like *sushi*.

What food do you like?　What sport do you like?
What vegetable do you like?

19

読まれる英語

❶ (1)A: What sport do you like?
B: I like basketball.
(2)A: What sport do you like?
B: I like tennis.

❷ (1)A: What color do you like, Shinya?
B: I like green.
(2)A: What color do you like, Akane?
B: I like yellow.
(3)A: What color do you like, Ken?
B: I like orange.

おうちのかたへ

このレッスンでは、What ～ do you like?(あなたは何の～が好きですか。)と、それに対してI like ～.(わたしは～が好きです。)と答える言い方を学びました。お子さまと「季節(season)」「教科(subject)」「国(country)」などいろいろなものについて聞いて答える練習をしてみてください。

❶ What sport do you like?(あなたは何のスポーツが好きですか。)のあとに(1)はI like basketball.(わたしはバスケットボールが好きです。)、(2)はI like tennis.(わたしはテニスが好きです。)と読まれます。likeのあとにくる好きなスポーツの名前を注意して聞き取りましょう。

❷ What color do you like, ～?と読まれます。「～」には質問《しつもん》する相手の名前が読まれるので、どの人物が、何色が好きなのかを正確《せいかく》に聞き取りましょう。

❸ (1)What ～ do you like?の「～」にはsport(スポーツ)、color(色)などが入ります。「何のくだもの」はWhat fruitで表します。
(2)「モモが好きです。」と言うときは、peachesと最後にesをつけて複数形《ふくすうけい》にすることで、１つのモモではなくて「モモ」という種類のもの全部が好きという意味になります。

❹ ［　］の中のWhatのあとの単語とエマの答えに注意して書きましょう。

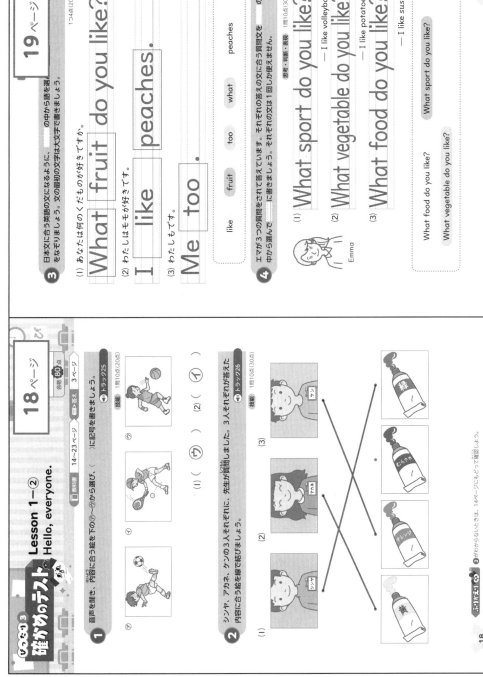

ぴったり3 確かめのテスト

Lesson 1－③ Hello, everyone.

24ページ

合格80点

教科書 14～23ページ　答え 4ページ

1 音声を聞き、内容《ないよう》に合う絵を下の㋐～㋒から選び、(　)に記号を書きましょう。　トラック37

技能　1問10点(20点)

㋐　㋑　㋒

(1)(　㋐　)　(2)(　㋒　)

2 音声を聞き、内容に合う絵を、線で結びましょう。　トラック38

技能　1問10点(30点)

(1)　(2)　(3)

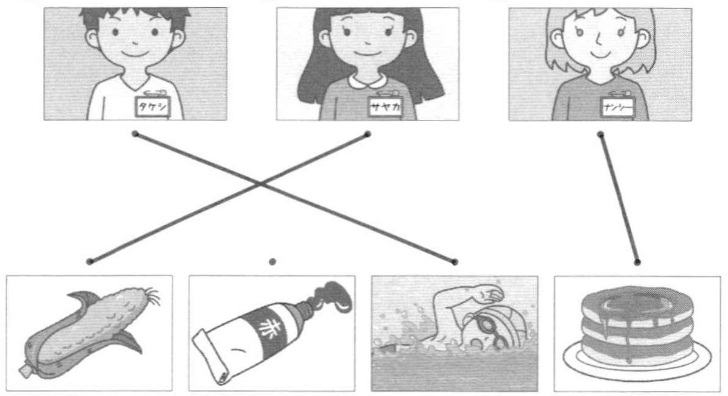

ふりかえり　1がわからないときは、20ページにもどって確認《かくにん》しよう。

25ページ

3 日本文に合う英語の文になるように、　の中から語を選んでなぞりましょう。文の最初の文字は大文字で書きましょう。

1つ5点(20点)

(1) あなたはむらさき色が好きですか。

Do you like purple?

(2) ((1)に答えて)いいえ、好きではありません。

No, I don't.

don't　do　purple　no

4 アオイとリクが話をしています。日本文に合う英語の文を、　の中から選んで　に書きましょう。

思考・判断・表現　1問10点(30点)

Aoi: What do you want?

(1) アイスクリームがほしいです。

Riku: I want ice cream.

(2) あなたはアイスクリームが好きですか。

Aoi: Do you like ice cream?

(3) はい、好きです。

Riku: Yes, I do.

Do you like ice cream?　I want ice cream.　Yes, I do.

読まれる英語

1 (1)A: What do you want?

B: I want a nice watch.

(2)A: What do you want?

B: I want a new shirt.

2 (1)A: Do you like swimming, Takeshi?

B: Yes, I do.

(2)A: Do you like corn, Sayaka?

B: Yes, I do.

(3)A: Do you like pancakes, Nancy?

B: Yes, I do.

おうちのかたへ

このレッスンでは、What do you want?と、それに対して自分がほしいものを答える言い方を学びました。また、Do you like ～?と、それにYesとNoで答える表現も学びました。お子さまにWhat do you want?とほしいものを聞いて、答える練習をさせてみてください。

1 What do you want?(あなたは何がほしいですか。)とたずねる英語にI want ～.と答える英語が読まれます。wantのあとにくる、ほしいものに注意して聞き取りましょう。

2 Do you like ～, ... ?と読まれます。「～」には好きなもの、「...」には名前が読まれます。どの人物が、何を好きなのかを正確《せいかく》に聞き取りましょう。

3 Do you like ～?にNoで答える表現《ひょうげん》を練習しましょう。

4 女の子と男の子の会話の場面です。ほしいものをたずねるときはWhat do you want?と言い、答えるときは、I want ～.を使って答えます。また、Do you like ～?で～が好きかどうかをたずね、好きならYes, I do.と答えます。

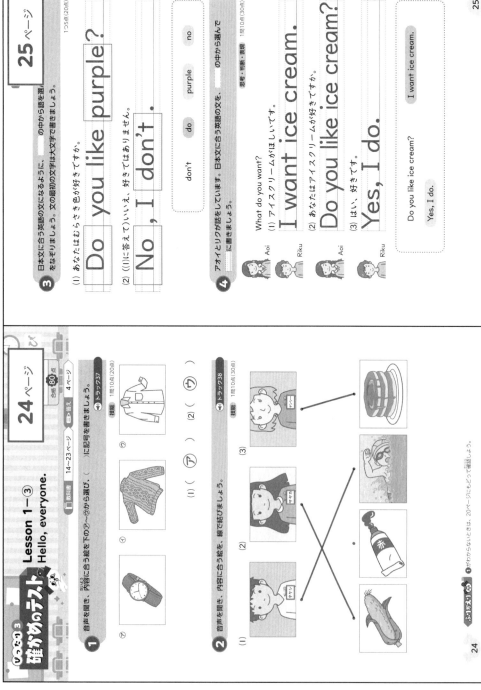

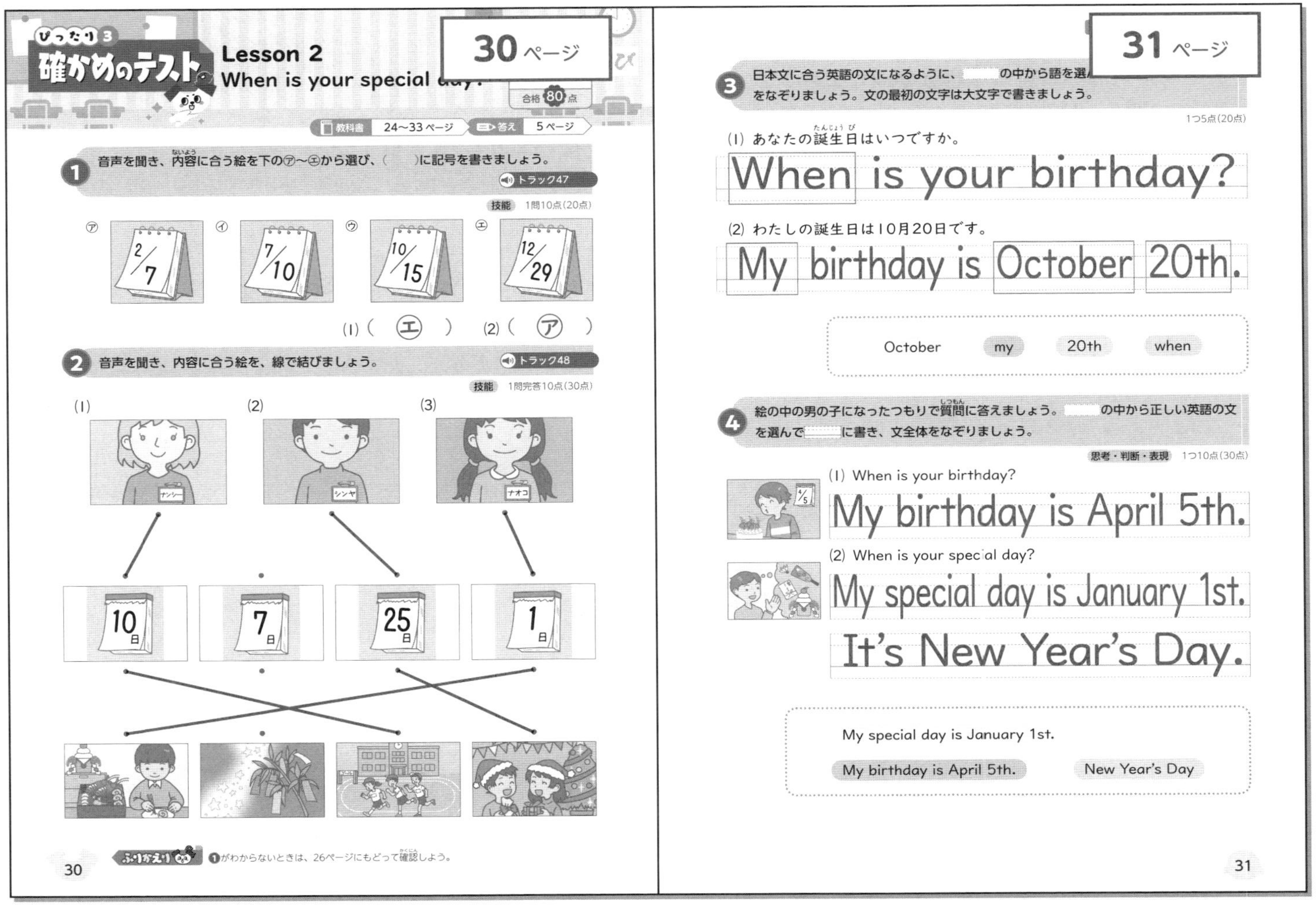

ぴったり3 確かめのテスト Lesson 2 When is your special day?

30ページ

合格80点

教科書 24～33ページ　答え 5ページ

1 音声を聞き、内容《ないよう》に合う絵を下の㋐～㋓から選び、(　)に記号を書きましょう。 トラック47

技能 1問10点(20点)

㋐ 2/7　㋑ 7/10　㋒ 10/15　㋓ 12/29

(1) (㋓)　(2) (㋐)

2 音声を聞き、内容に合う絵を、線で結びましょう。 トラック48

技能 1問完答10点(30点)

(1) ナンシー　(2) シンヤ　(3) ナオコ

10日　7日　25日　1日

30

ふりかえり 1がわからないときは、26ページにもどって確認《かくにん》しよう。

31ページ

3 日本文に合う英語の文になるように、　　の中から語を選んで　　に書き、文全体をなぞりましょう。文の最初の文字は大文字で書きましょう。

1つ5点(20点)

(1) あなたの誕生日《たんじょうび》はいつですか。

When is your birthday?

(2) わたしの誕生日は10月20日です。

My birthday is October 20th.

October　my　20th　when

4 絵の中の男の子になったつもりで質問《しつもん》に答えましょう。　　の中から正しい英語の文を選んで　　に書き、文全体をなぞりましょう。

思考・判断・表現 1つ10点(30点)

(1) When is your birthday?

My birthday is April 5th.

(2) When is your special day?

My special day is January 1st.

It's New Year's Day.

My special day is January 1st.　My birthday is April 5th.　New Year's Day

31

読まれる英語

1 (1)A: When is your birthday?

B: My birthday is December 29th.

(2)A: When is your birthday?

B: My birthday is February 7th.

2 (1)I'm Nancy. My special day is October 10th. It's Sports Day.

(2)I'm Shinya. My special day is December 25th. It's Christmas.

(3)I'm Naoko. My special day is January 1st. It's New Year's Day.

おうちのかたへ

このレッスンでは、When is your birthday?と、When is your special day?という言い方で、それぞれ日づけをたずねる表現を学びました。また、それに対する日づけや行事名の答え方を学びました。お子さまといっしょにWhen is your ～?と日づけを聞いて、それに答える練習をしてみてください。

1 When is your birthday?とたずねる英語にMy birthday is ～.と答える英語が読まれます。誕生日《たんじょうび》の日づけに注意して聞き取りましょう。

2 それぞれの人物が名前を言ったあとで、My special day is ～.と、特別な日を伝える文が読まれます。そのあとにIt's ～.と行事の名前が読まれます。どの人物の特別な日なのかを正確《せいかく》に聞き取りましょう。

3 Whenは「いつ」という意味で、日づけなどをたずねるときに使います。「わたしの」はmyで表し、日づけは〈月を表す語＋順番を表す語〉で表現《ひょうげん》します。

4 (1)When is your birthday?と誕生日を聞かれているので、My birthday is ～.で答えます。

(2)特別な日を聞かれているので、My special day is ～.で答えます。It'sに続けるのに自然なのは行事名であるNew Year's Dayです。

38ページ

ぴったり3 確かめのテスト

Lesson 3 What do you have on Mondays?

合格80点

教科書 34～43ページ　答え 6ページ

1 音声を聞き、内容《ないよう》に合う絵を下の㋐～㋒から選び、(　)に記号を書きましょう。　トラック61

技能　1問10点(20点)

(1)(　㋒　)　(2)(　㋐　)

2 音声を聞き、内容に合う絵を、線で結びましょう。　トラック62

技能　1問10点(30点)

(1)　(2)　(3)

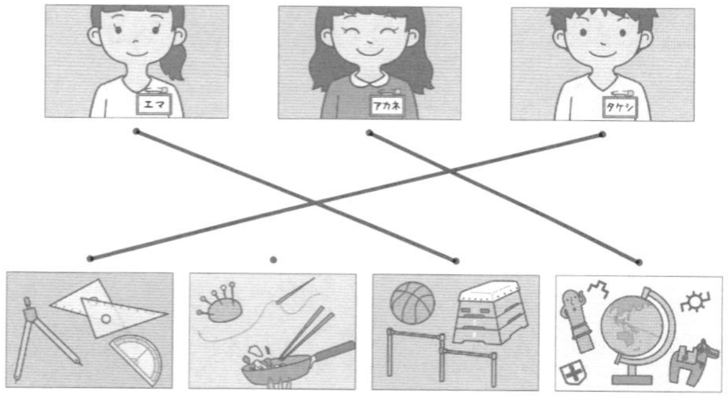

ふりかえり　1がわからないときは、36ページにもどって確認《かくにん》しよう。

38

39ページ

3 日本文に合う英語の文になるように、　の中から語句《ごく》を選び、文全体をなぞりましょう。2回使うものもあります。文の最初の文字は大文字で書きましょう。

1つ4点(32点)

(1) あなたは何になりたいですか。

What do you want to be?

(2) わたしは料理人になりたいです。

I want to be a cook.

(3) あなたは金曜日に何がありますか。

What do you have on Fridays?

(4) わたしは英語と理科があります。

I have English and science.

science　to be　cook　what　Fridays　English

4 絵の中の女の子になったつもりで、質問《しつもん》に答えましょう。　の中から正しい語句を選んで　に書き、文全体をなぞりましょう。

思考・判断・表現　1問9点(18点)

(1) What do you want to be?

I want to be a nurse.

(2) What do you have on Mondays?

I have Japanese, English, science, and music.

to be a nurse　to be a cook　social studies　music　math

この本の終わりにある「夏のチャレンジテスト」をやってみよう！

39

読まれる英語

1 (1) Thursday

(2) Tuesday

2 (1) A: What do you have on Mondays, Emma?

B: I have P.E.

(2) A: What do you have on Wednesdays, Akane?

B: I have social studies.

(3) A: What do you have on Fridays, Takeshi?

B: have math.

おうちのかたへ

このレッスンでは、What do you want to be?と、それに対する職業の答え方、そしてWhat do you have on ～?と、それに対する教科の答え方を学びました。お子さまに将来、なりたいものを英語で聞いたり、学校の時間割を見て、各曜日にある教科が何かを英語で聞いたり、答えたりする練習をしてみてください。

1 Thursday(木曜日)とTuesday(火曜日)が読まれます。"Th"は日本語にない音なので、注意して聞きましょう。

2 What do you have on ～?とたずねる英語にI have ～.と教科を答える英語が読まれます。haveのあとにくる、教科に注意して聞き取りましょう。また、月曜日なら毎週月曜日という意味で"s"がついてMondaysと複数形《ふくすうけい》になっていますが、曜日を覚えるときは単数形で覚えましょう。

3 What do you want to be?という質問《しつもん》にI want to be ～.と職業《しょくぎょう》を答える表現《ひょうげん》とWhat do you have on ～?と、ある曜日に何の教科があるかをたずねたり、答えたりする表現を練習しましょう。

4 (1)イラストから女の子が「看護師《かんごし》」になりたいということを読み取り、to be a nurseを選びます。

(2)イラストから月曜日の最後の教科が音楽であることを読み取り、musicを選びます。

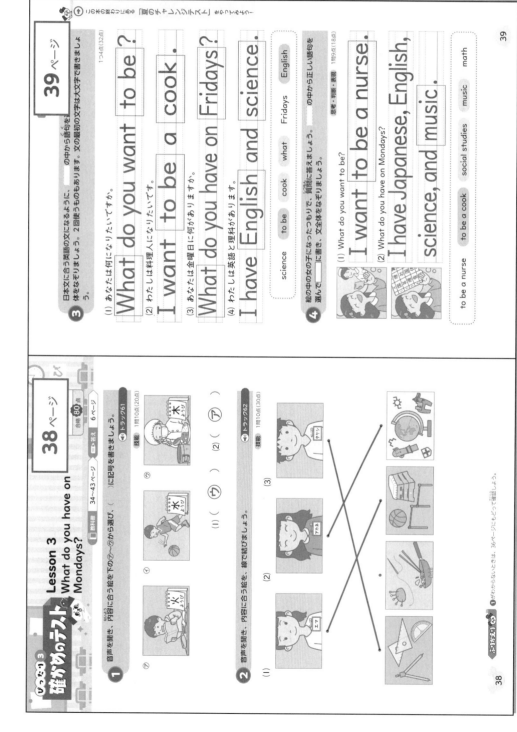

46ページ

ぴったり3
確かめのテスト
Lesson 4
I can draw pictures we...

合格80点

教科書 50～59ページ　答え 7ページ

1 音声を聞き、内容《ないよう》に合う絵を下の㋐～㋓から選び、(　)に記号を書きましょう。 トラック81

技能 1問10点(20点)

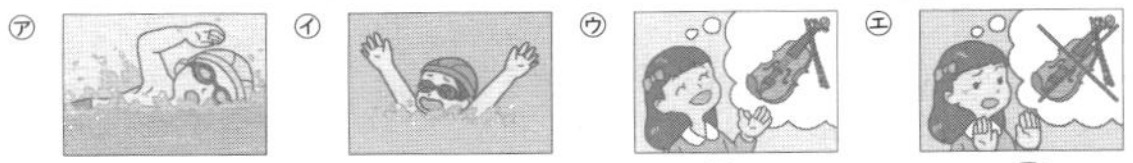

(1) (㋑)　(2) (㋒)

2 音声を聞き、内容に合う絵を、線で結びましょう。 トラック82

技能 1問完答10点(30点)

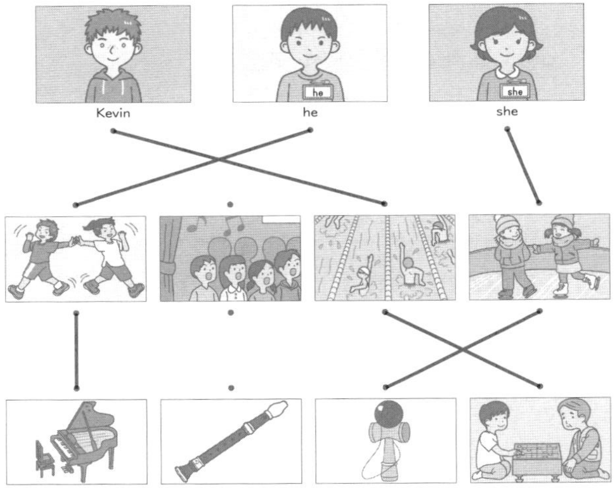

ふりかえり ①がわからないときは、40ページにもどって確認《かくにん》しよう。

46

47ページ

3 日本文に合う意味を表す英語の文になるように、　の中から語を選んで書き、文全体をなぞりましょう。

1つ5点(20点)

(1) 彼《かれ》は速く泳ぐことができます。

He can swim fast.

(2) 彼女《かのじょ》はサッカーをすることができません。

She can't play soccer.

can't　can　play soccer　fast

4 ケンが英語で自分のしょうかいをします。日本語のメモを見て　の中から正しい英語の文を選んで　に書きましょう。

思考・判断・表現 1問10点(30点)

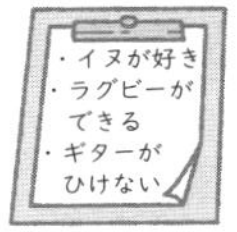

(1) I like dogs.

(2) I can play rugby.

(3) I can't play the guitar.

I like dogs.　I can play baseball.　I can play rugby.
I can't play the guitar.　I can't play the recorder.

47

読まれる英語

1 (1) I can't swim.
(2) I can play the violin.

2 (1) I'm Kevin. I can swim. I can't play *shogi*.
(2) He can dance. He can't play the piano.
(3) She can skate. She can't play *kendama*.

おうちのかたへ

このレッスンでは、canとcan'tの使い方と、heやsheの言い方を学びました。お子さまに自分にできることやできないことなどをたずねて、canとcan'tを使って答える練習をしてみてください。また、heやsheを使って身近な人を紹介《しょうかい》する練習もしましょう。

1 I can ～.とI can't ～.を使った2つの文が読まれます。canとcan'tを聞きわけましょう。canは「～できる」、can'tは「～できない」という意味です。

2 I(わたし)とHe(彼《かれ》)とShe(彼女《かのじょ》)のそれぞれで始まる文が読まれます。canやcan'tのあとにくる、動作を表す単語や楽器、遊びに関する単語に注意して聞き取りましょう。

3 can(～ができる)とcan't(～ができない)の単語のちがいに注意しましょう。またswimという動作を表す言葉のあとにfastというswimの様子を表す言葉が続きます。

4 メモの内容《ないよう》から、ケンはlike dogs(イヌが好き)で、rugby(ラグビー)ができて、guitar(ギター)がひけないことをしっかり読み取りましょう。

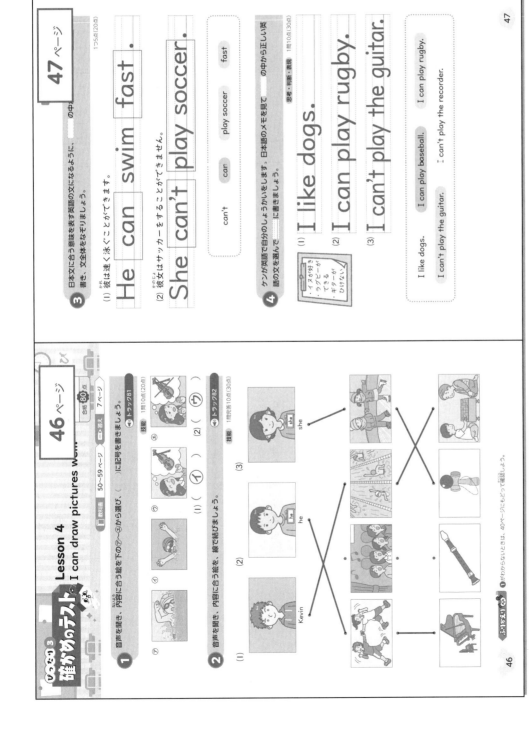

52ページ

ぴったり3 確かめのテスト

Lesson 5−①
Where is the station?

合格 80 点

教科書 60〜69ページ　答え 8ページ

1 音声の内容《ないよう》に合う絵を下の㋐〜㋒から選び、(　　)に記号を書きましょう。　トラック93

技能　1問10点(20点)

㋐  ㋑  ㋒ 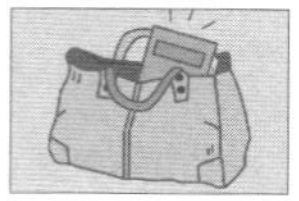

(1)(　㋑　)　(2)(　㋐　)

2 次の絵はあなたの部屋です。3つの質問《しつもん》を聞き、正しいものを　　から選んで(1)〜(3)の　　に書き、全体をなぞりましょう。　トラック94

技能　1問10点(30点)

(1) It's under the table.

(2) It's on the bed.

(3) It's in the bag.

in the bag　on the bed　under the table

ふりかえり　2がわからないときは、48ページにもどって確認《かくにん》しよう。

52

53ページ

3 日本文に合う英語の文になるように　　の中から語句《ごく》を選んでなぞりましょう。2回使う語もあります。文の最初の文字は大文字で書きましょう。

1つ4点(20点)

(1) あなたのかばんはどこですか。

Where is your bag?

(2) それはいすの上にあります。

It's on the chair.

(3) 公園は図書館のそばにあります。

The park is by the library.

(4) わたしの家は駅のそばにあります。

My house is by the station.

on　my house　where　by

4 絵を見て質問に答えましょう。　　の中から語を選んで　　に書き、文全体をなぞりましょう。

思考・判断・表現　1問10点(30点)

(1) Where is your racket?

It's on the desk.

(2) Where is your cat?

It's in the basket.

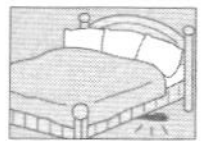
(3) Where is your pen?

It's under the bed.

on　under　in

53

1 The cat is 〜.(ネコは〜にいます。)という英語とThe bag is 〜.(かばんは〜にあります。)という英語が読まれます。isのあとの言葉に注意して聞き取りましょう。

2 Where is your 〜?(あなたの〜はどこですか。)とたずねる英語が読まれます。何の場所をたずねているかに注意して聞き取りましょう。

3 (1)「〜はどこですか」はWhere is 〜?を使います。場所をたずねるときの表現《ひょうげん》です。文の初めを大文字にすることに注意しましょう。(2)It's 〜 the chair.と「〜はどこですか」に対して位置を答える表現(on)も練習しましょう。(3)(4)「〜のそばに」はbyで表します。(4)「わたしの家」はMy houseです。

4 Where is 〜?(〜はどこですか。)とたずねられたら、位置を表す言葉(on、in、underなど)を使って答えましょう。

読まれる英語

1 (1)The cat is on the chair.
(2)The bag is under the table.

2 (1)Where is your ball?
(2)Where is your book?
(3)Where is your glove?

おうちのかたへ

このレッスンでは、Where is 〜?(〜はどこですか。)という質問とそれに対して場所を答える言い方を学びました。家にある身近なものや、近所にある施設《しせつ》の位置をお子さまとたずねたり答えたりする練習をしてみてください。

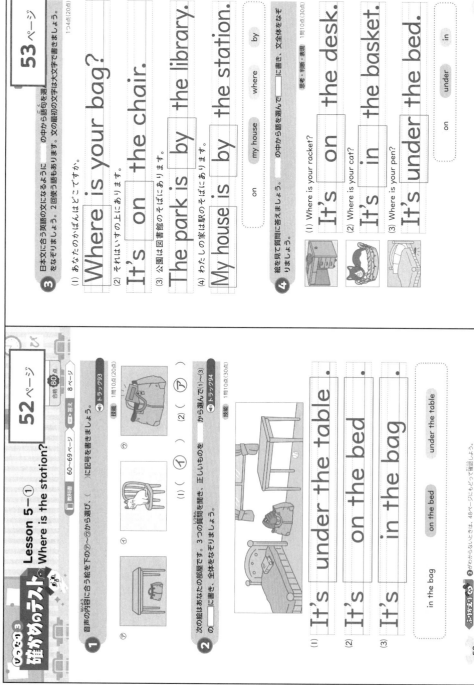

ぴったり3 確かめのテスト

Lesson 5−② Where is the station?

58ページ

合格 80 点

教科書 60〜69ページ　答え 9ページ

1 音声を聞き、内容《ないよう》に合う絵を下の㋐〜㋒から選び、(　　)に記号を書きましょう。　トラック103

技能　1問10点(20点)

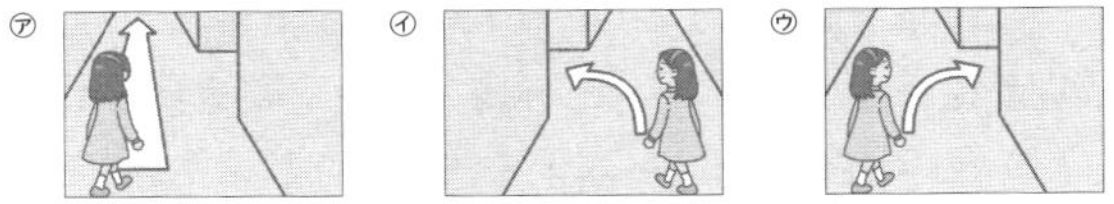

(1)(　㋑　)　(2)(　㋐　)

2 音声を聞いて、それぞれの人物のお気に入りの場所を、線で結びましょう。　トラック104

技能　1問10点(30点)

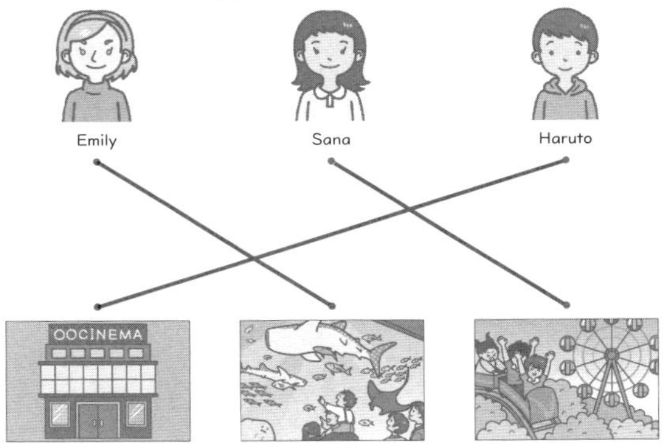

ふりかえり　1がわからないときは、54ページにもどって確認《かくにん》しよう。

59ページ

3 日本文に合う英語の文になるように、　　の中から語を選び、　をなぞりましょう。2回使う語もあります。文の最初の文字は大文字で書きましょう。

1つ5点(20点)

(1) 動物園はどこですか。

Where is the zoo ?

(2) わたしのお気に入りの場所は海です。

My favorite place is the sea .

sea　favorite　where　zoo

4 現在《げんざい》★印にいます。質問《しつもん》に答えて道案内をしましょう。　　の中から正しいものを選んで案内をする順に(1)〜(3)の　　に書き、全体をなぞりましょう。

思考・判断・表現　1問10点(30点)

You can see it on your right.　straight　left

(1) Go straight.

(2) Turn left .

(3) You can see it on your right.

読まれる英語

1 (1)Turn left.

(2)Go straight.

2 (1)Hi, I'm Emily. My favorite place is the aquarium.

(2)Hello. I'm Sana. My favorite place is the amusement park.

(3)Hi, I'm Haruto. My favorite place is the theater.

おうちのかたへ

このレッスンでは、Where is 〜?(〜はどこですか。)という質問とそれに対して道案内をする言い方を学びました。また、お気に入りの場所をたずねたり、伝えたりすることも学びました。place以外にもお気に入りのcolor(色)、food(食べ物)、sport(スポーツ)などをお子さまと伝えあう練習をしてみてください。

1 Turn left.(左に曲がってください。)とGo straight.(まっすぐ行ってください。)という英語が読まれます。Turnで始まる英語は、あとに続く語が右と左のどちらなのかに注意して聞き取りましょう。どれも道案内ではよく使われる表現《ひょうげん》です。

2 My favorite place is 〜.(わたしのお気に入りの場所は〜です。)と、お気に入りの場所を伝える英語が読まれます。isに続く場所に特に注意して聞き取りましょう。

3 「〜はどこですか」とたずねるときは、Where is 〜?で場所をたずねることができます。「お気に入りの」はfavoriteを使って表します。「海」はseaです。

4 イラストでは、地図を持った女性《じょせい》がWhere is the post office?(郵便局《ゆうびんきょく》はどこですか。)とたずねています。郵便局の位置を考えて「まっすぐ行って、左に曲がれば右側に郵便局が見えます」と道案内をします。

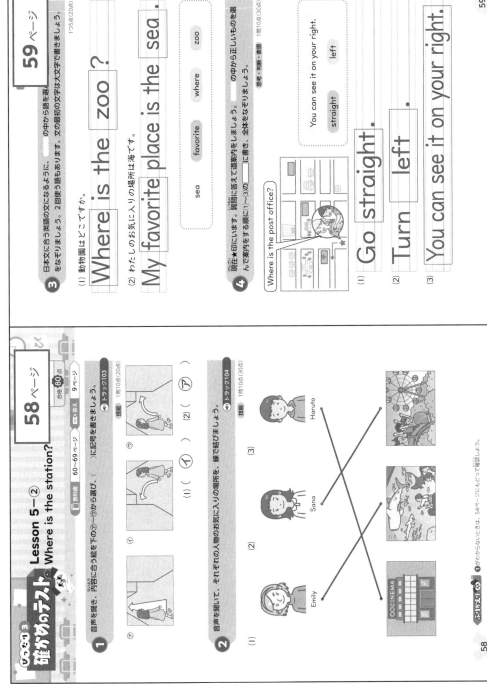

64ページ

ぴったり3 確かめのテスト

Lesson 6−①
What would you like?

合格80点

教科書 70〜79ページ　答え 10ページ

1 音声を聞き、内容《ないよう》に合う絵を下の㋐〜㋓から選び、(　　)に記号を書きましょう。　トラック113

技能　1問10点(20点)

㋐ ㋑ ㋒ ㋓

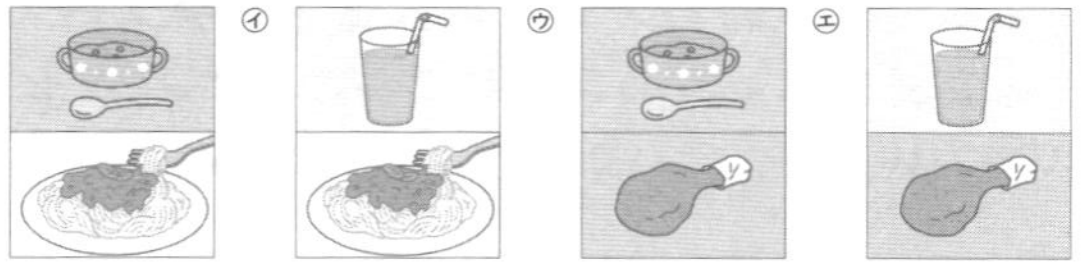

(1) (㋓)　(2) (㋐)

2 音声で、それぞれの食べ物の値段《ねだん》をたずね、その金額《きんがく》を答えています。あてはまる金額を数字で□に書き、全体をなぞりましょう。　トラック114

技能　1問10点(30点)

(1) It's 980 yen.

(2) It's 460 yen.

(3) It's 300 yen.

ふりかえり ❶がわからないときは、60ページにもどって確認《かくにん》しよう。

65ページ

3 日本文の意味を表す英語の文になるように、□の中から語句を選んで□に書き、全体をなぞりましょう。文の最初の文字は大文字で書きましょう。

1つ4点(20点)

(1) わたしは、ごはんと焼き魚とみそしるをいただきたいです。

I'd like rice, grilled fish, and miso soup.

(2) それはいくらですか。

How much is it?

(3) 380円です。

It's 380 yen.

it's　how much　I'd like　grilled fish　yen

4 ユウトがお店で店員と話しています。絵に合う内容の文を□の中から選んで□に書きましょう。

思考・判断・表現　1問10点(30点)

(1) I'd like a hamburger.

(2) How much is it?

(3) It's 500 yen.

How much is it?　It's 500 yen.　I'd like a hamburger.

読まれる英語

1 (1) I'd like fried chicken and juice.

(2) I'd like spaghetti and corn soup.

2 (1) I'd like a steak. How much is it?

— It's 980 yen.

(2) I'd like a salad. How much is it?

— It's 460 yen.

(3) I'd like bread. How much is it?

— It's 300 yen.

おうちのかたへ

このレッスンでは、I'd like 〜.という、ていねいな注文の仕方を学びました。また、How much 〜?と、値段をたずね、それに答えるIt's 〜 yen.という言い方も学びました。お子さまと一緒《いっしょ》に店員と客になっていろいろなものについて注文したり、値段をたずねあって、店でのやり取りを練習してみてください。

1 I'd like 〜.とていねいに注文をする表現《ひょうげん》が読まれます。likeのあと、それぞれ2つの食べ物や飲み物を表す語句《ごく》が読まれるので、注意して聞き取りましょう。

2 I'd like 〜.が読まれたあとに、値段《ねだん》をたずねるHow much is it?が読まれます。そして〈It's＋値段.〉で金額《きんがく》を答える英文が読まれます。注文したいものをしっかり聞き取ったら、値段の数字に注意して聞き取りましょう。

3 「わたしは〜をいただきたいです」はI'd like 〜.で表します。値段は、How much 〜?(〜はいくらですか。)とたずねます。金額はIt's 〜 yen.と言います。文の最初を大文字にすることに注意しましょう。

4 お店での客の男の子と店員の会話の場面です。注文するときはI'd like 〜.と言います。値段はHow much is it?とたずね、It's 〜 yen.と答えます。注文するときのやり取りを練習しましょう。

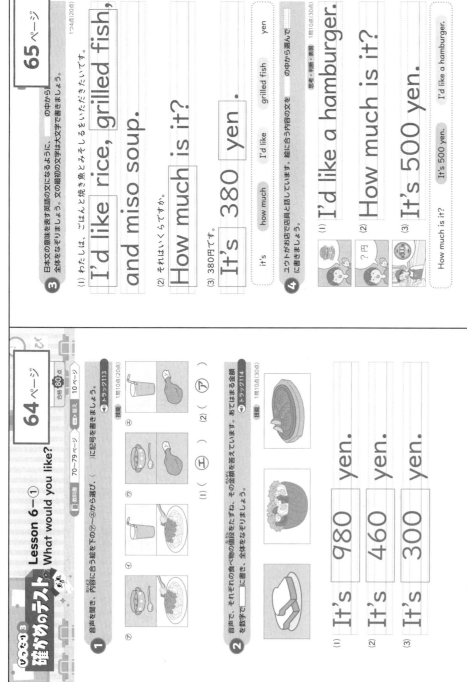

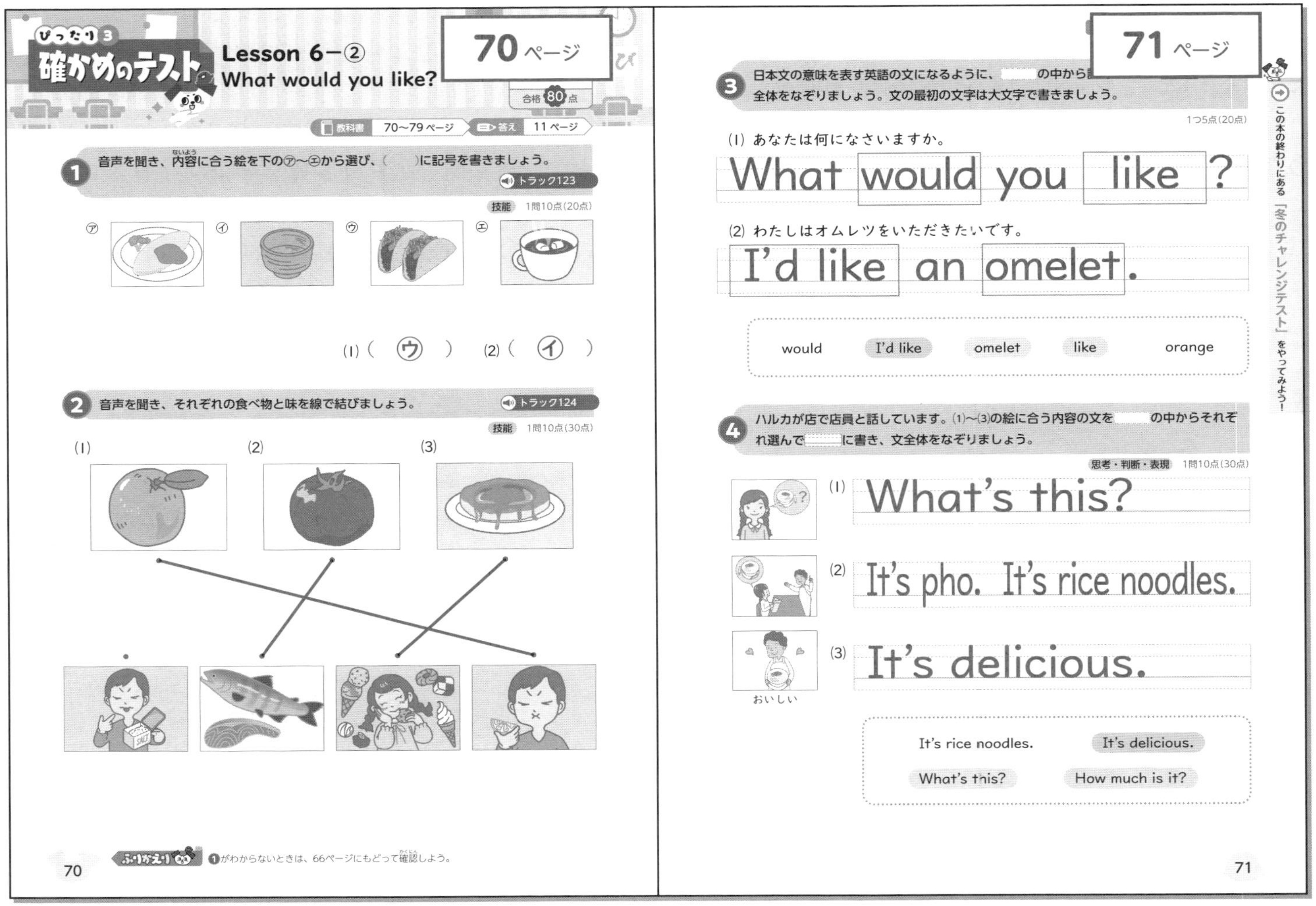

1 What would you like?と、ほしいものをていねいにたずねる表現《ひょうげん》が読まれます。それに答えるI'd likeのあとの食べ物や飲み物を表す語句《ごく》に注意して聞き取りましょう。

2 What's this?が読まれたあとに、It's 〜.と食べ物の名前が読まれます。それからまた、It's 〜.で「味」に関しての表現が続きます。It'sのあとに注意して聞き取りましょう。

3 「あなたは何になさいますか」はWhat would you like?で表します。答え方はI'd likeで始めて、ほしいものの名前を続けます。

4 お店での客の女の子と店員の会話の場面です。女の子はWhat's this?(これは何ですか。)とたずねています。It's *pho*.のあとはIt's delicious.を続けても自然ですが、最後の絵が「おいしい」を表しているので、(2)にはIt's rice noodles.が入ると考えます。

読まれる英語

1 (1) What would you like?
— I'd like tacos.
(2) What would you like?
— I'd like green tea.

2 (1) What's this? It's an orange. It's sour.
(2) What's this? It's a tomato. It's fresh.
(3) What's this? It's a pancake. It's sweet.

おうちのかたへ

このレッスンでは、What would you like?と、相手のほしいものをていねいにたずね、I'd like 〜.と自分のほしいものをていねいに答える表現を学びました。お子さまに食事に何を食べたいかたずねるときなどに使って練習してみてください。

ぴったり3 確かめのテスト Lesson 7 I love my town.

78ページ

合格80点　教科書 86〜95ページ　答え 12ページ

1 音声を聞き、内容《ないよう》に合う絵を下の㋐〜㋓から選び、（　）に記号を書きましょう。 トラック139

技能 1問5点(10点)

㋐ ㋑ ㋒ ㋓

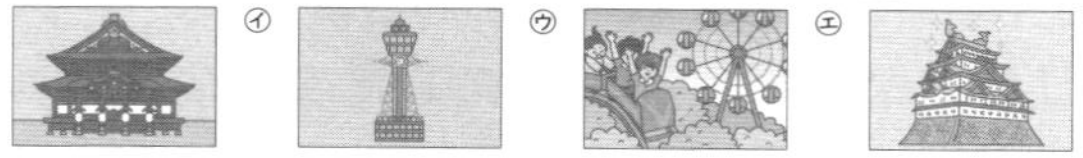

(1)（ ㋑ ）　(2)（ ㋐ ）

2 音声を聞き、内容に合う絵を、線で結びましょう。 トラック140

技能 1問完答10点(30点)

(1) (2) (3)

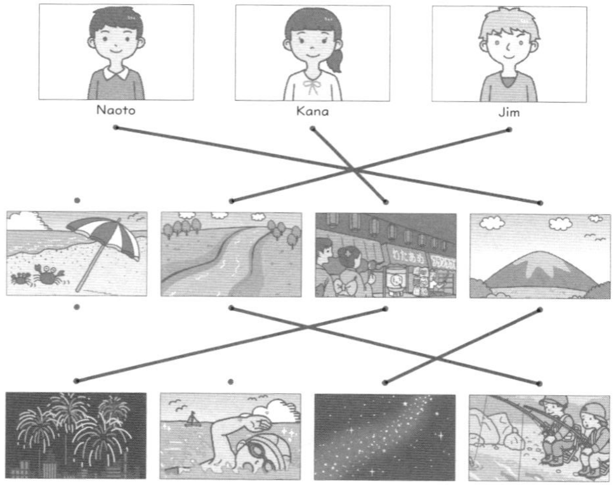

ふりかえり ❶がわからないときは、72ページにもどって確認《かくにん》しよう。

79ページ

3 日本文の意味を表す英語の文になるように、　の中から語を選んで　に書き、全体をなぞりましょう。2回使う語もあります。

1つ5点(30点)

(1) お城《しろ》があります。

We have a castle.

(2) それは古いです。

It's old.

(3) 庭園があります。

We have a garden.

(4) それは有名です。

It's famous.

garden　temple　castle　old
new　famous　have

4 ミオが英語で自分の町にあるもののしょうかいをします。日本語のメモを見て　の中から正しい語句《ごく》を選んで　に書き、全体をなぞりましょう。

思考・判断・表現 1問10点(30点)

・水族館がある。
・魚を見ることができる。
・それはわくわくする。

(1) We have an aquarium.

(2) We can see fish.

(3) It's exciting.

enjoy swimming　see fish　have an aquarium
have a beach　beautiful　exciting

読まれる英語

1 (1) We have a tower.
(2) We have a temple.

2 (1) I'm Naoto. We have a mountain.
We can see amazing stars.
(2) I'm Kana. We have a festival.
We can see wonderful fireworks.
(3) I'm Jim. We have a river.
We can enjoy fishing.

おうちのかたへ

このレッスンでは、We have 〜.(〜があります。)、We can 〜.(〜をすることができます。)、そして〈It's＋様子を表す言葉.〉(それは〜です。)といった表現を学びました。お子さまと自分たちの町にあるものやそのものについて伝え合う練習をしてみてください。

1 We have 〜.で自分たちの町にあるものが読まれます。We haveのあとにくる語句《ごく》に注意して聞き取りましょう。

2 それぞれの人物の名前をしっかり聞き取り、We haveのあとと、We canのあとにくる語句に注意して聞き取りましょう。

3 「〜があります。」はhaveを使って表すことができます。使う語はそれぞれ、castle「城《しろ》」、old「古い」、garden「庭園」、famous「有名な」となります。castleは発音しない[t]があるので、書き写すときに注意しましょう。

4 ミオが自分の町をしょうかいする準備《じゅんび》のメモを見て答えます。「〜がある」はWe have 〜.で表します。水族館はaquariumです。「〜することができる」はWe canで表し、「魚を見る」はsee fishとなります。「わくわくする」はexcitingとなります。

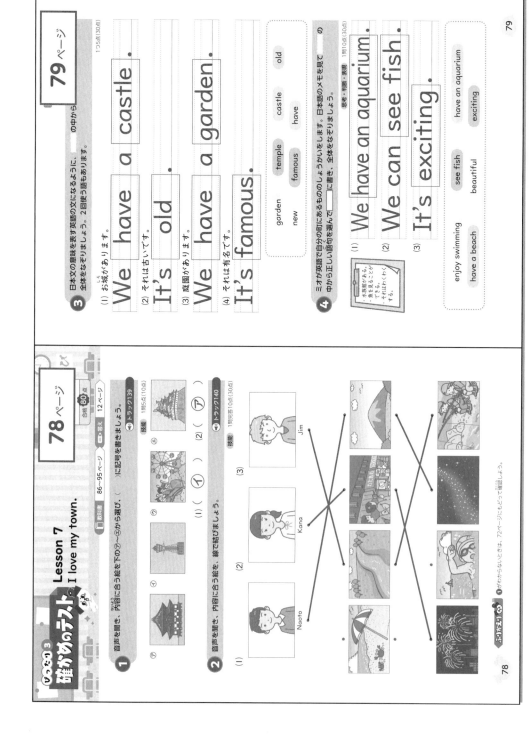

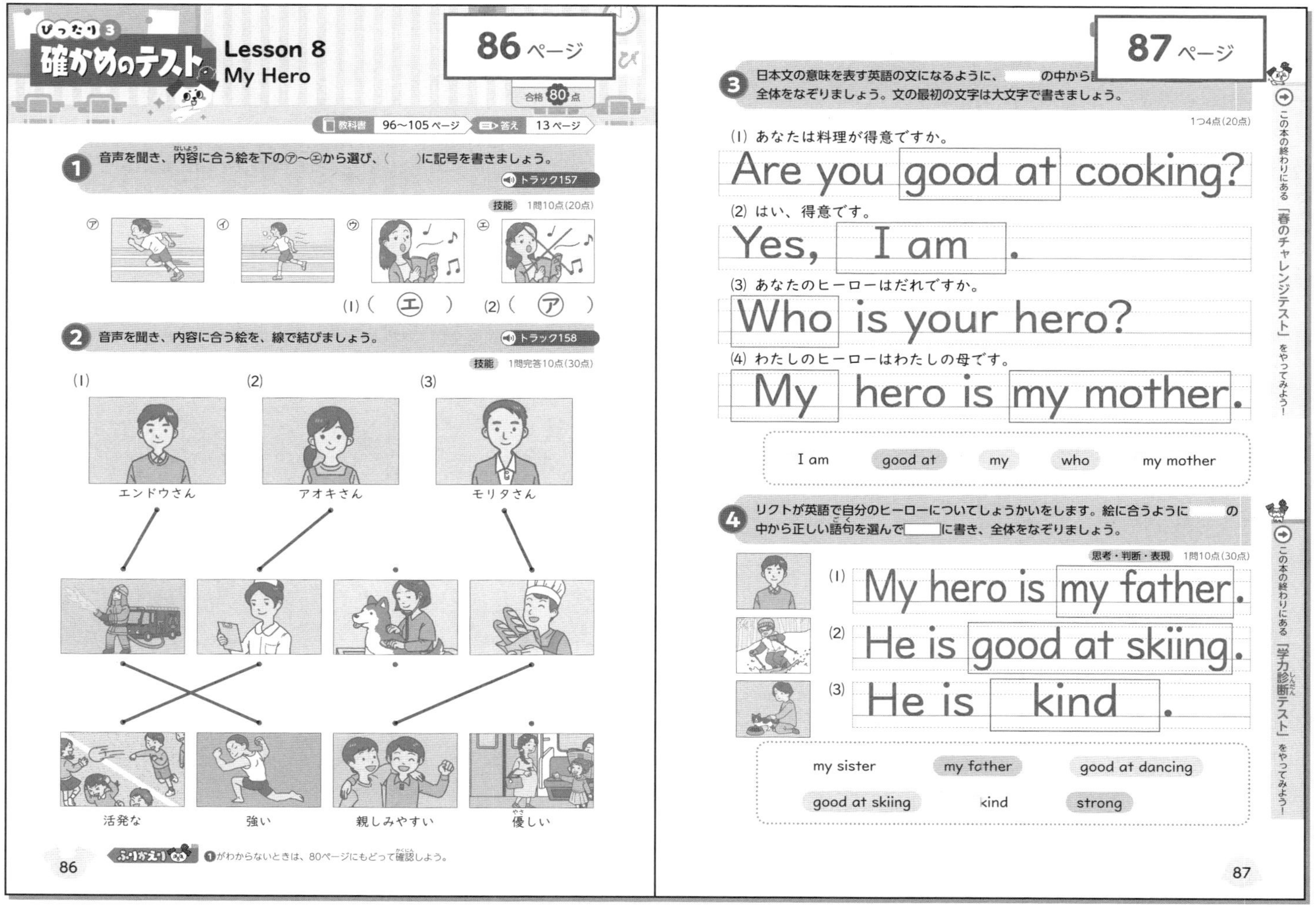

ぴったり3
確かめのテスト
Lesson 8
My Hero

86 ページ

合格 80 点

教科書 96〜105ページ　答え 13ページ

1 音声を聞き、内容《ないよう》に合う絵を下のア〜エから選び、（　）に記号を書きましょう。 トラック157

技能 1問10点(20点)

ア　イ　ウ　エ

(1)（ エ ）　(2)（ ア ）

2 音声を聞き、内容に合う絵を、線で結びましょう。 トラック158

技能 1問完答10点(30点)

(1) エンドウさん　(2) アオキさん　(3) モリタさん

活発な　強い　親しみやすい　優《やさ》しい

86

ふりかえり 1がわからないときは、80ページにもどって確認《かくにん》しよう。

87 ページ

3 日本文の意味を表す英語の文になるように、　の中から語句を選んで　に書き、全体をなぞりましょう。文の最初の文字は大文字で書きましょう。

1つ4点(20点)

(1) あなたは料理が得意ですか。
Are you good at cooking?

(2) はい、得意です。
Yes, I am.

(3) あなたのヒーローはだれですか。
Who is your hero?

(4) わたしのヒーローはわたしの母です。
My hero is my mother.

I am　good at　my　who　my mother

この本の終わりにある「春のチャレンジテスト」をやってみよう！

4 リクトが英語で自分のヒーローについてしょうかいをします。絵に合うように　の中から正しい語句《ごく》を選んで　に書き、全体をなぞりましょう。

思考・判断・表現 1問10点(30点)

(1) My hero is my father.

(2) He is good at skiing.

(3) He is kind.

my sister　my father　good at dancing　good at skiing　kind　strong

この本の終わりにある「学力診断《しんだん》テスト」をやってみよう！

87

読まれる英語

1 (1) Are you good at singing? — No, I'm not.
(2) Are you good at running? — Yes, I am.

2 (1) Who is your hero?
— My hero is Mr. Endo. He is a firefighter. He is strong.
(2) Who is your hero?
— My hero is Ms. Aoki. She is a nurse. She is active.
(3) Who is your hero?
— My hero is Mr. Morita. He is a baker. He is friendly.

おうちのかたへ

このレッスンでは、Who is your hero?(あなたのヒーローはだれですか。)とWhoを使って「人」をたずねる言い方と、それに対してその人がだれなのか、どういう職業や性格をしているのかを答える言い方を学びました。お子さまと身近な人たちについて、紹介《しょうかい》し合ってみてください。

1 Are you good at ～?と得意かどうかをたずねる文とそれに対する答えが読まれます。atのあとにくる語と、YesかNoかに注意して聞き取りましょう。

2 ヒーローがだれかをたずねる文とそれに対する答えと、その性格《せいかく》などが読まれます。isのあとに読まれる、それぞれの人物の名前、職業《しょくぎょう》、性格をしっかり聞き取りましょう。

3 「～が得意」はgood at ～で表します。Yesのあとは I amとなります。「だれ」と人をたずねるときはwhoを使います。ほかはそれぞれmy「わたしの」、my mother「わたしの母」となります。

4 絵からそれぞれに、(1)my father(わたしのヒーローは父です。)、(2)good at skiing(彼《かれ》はスキーが得意です。)、(3)kind(彼は優《やさ》しいです。)が入ります。

夏のチャレンジテスト

教科書 14〜43ページ

名前	月	日

時間 40分

知識・技能	思考・判断・表現	合格80点
/50	/50	/100

答え 14〜15ページ

知識・技能

1 音声の内容《ないよう》に合う絵を下から選び、(　)に記号を書きましょう。

トラック159　1問4点(8点)

㋐ ㋑ ㋒

(1)(㋒) (2)(㋑)

2 会話の内容に合う絵を下から選び、(　)に記号を書きましょう。

トラック160　1問4点(12点)

(1) ㋐ ㋑ ㋒

(2) ㋐ ㋑ ㋒

(3) ㋐ ㋑ ㋒

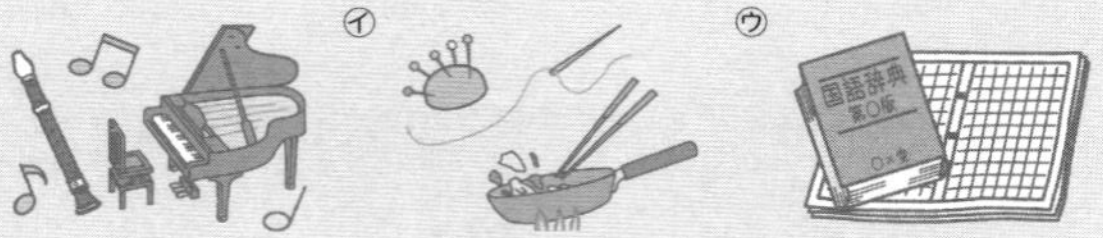

(1)(㋒) (2)(㋑) (3)(㋐)

思考・判断・表現

3 会話の内容に合う絵を、下のふきだし内の絵からすべて選んで○で囲みましょう。

トラック161　1つ5点(15点)

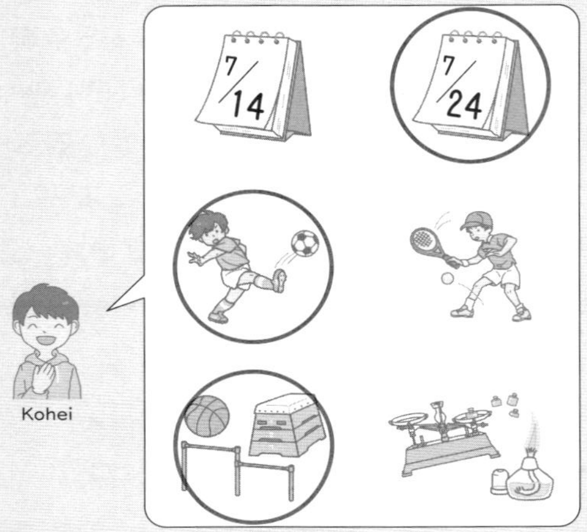

4 音声の内容に合うように(　)に日本語を書きましょう。

トラック162　1問5点(10点)

(1) カナミは何のスポーツをしますか。 (バドミントン)

(2) カナミの好きな動物は何ですか。 (ライオン)

読まれる英語

1 (1)arts and crafts
(2)social studies

2 (1)A: What fruit do you like?
B: I like peaches.
(2)A: When is your birthday?
B: My birthday is August 2nd.
(3)A: What do you have on Fridays?
B: I have music.

3 (1)A: Kohei, when is your birthday?
B: My birthday is July 24th.
(2)A: What sport do you like?
B: I like soccer.
(3)A: What subject do you like?
B: I like P.E.

4 Hello. My name is Kanami.
I like fried chicken.
I play badminton.
I like lions.
Thank you.

1 教科を表す英語が読まれます。何の教科が読まれるか注意して聞き取りましょう。

2 くだもの、日付、教科名、曜日を表す語を改めて確認《かくにん》しましょう。

3 when「いつ」やwhat「どんな、何を」と、順番を表す語などに注意して聞き取りましょう。

4 (1)I play badminton.から考えます。
(2)I like lions.から考えます。

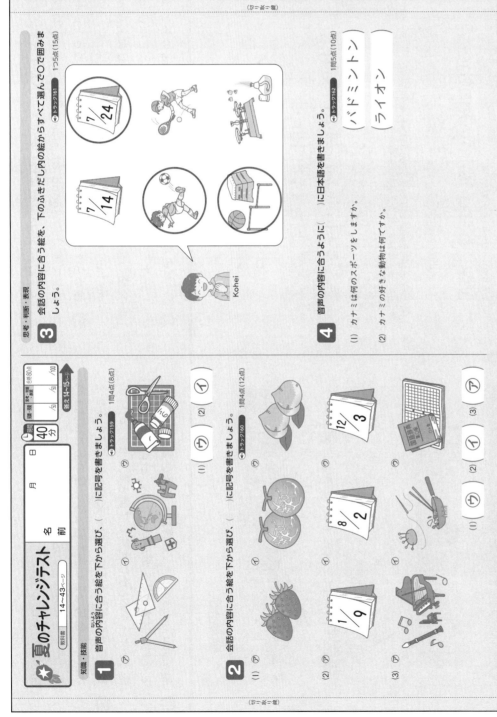

知識・技能

5 イラストの内容に合うことばを［　］の中から選び、［　］に書きましょう。 1問5点(15点)

(1) 
cook

(2) 
pilot

(3) 
nurse

nurse　cook　pilot

6 日本文に合うように、グレーの部分はなぞり、［　］の中からことばを選び、［　］に書きましょう。文の最初の文字は大文字で書きましょう。 1問5点(15点)

(1) あなたは何のくだものが好きですか。
What fruit do you like?

(2) あなたの誕生日《たんじょうび》はいつですか。
When is your birthday?

(3) 火曜日には何(の教科)がありますか。
What do you have on Tuesdays?

when　what　have

思考・判断・表現

7 絵に合わせて、質問《しつもん》に答えましょう。グレーの部分はなぞり、［　］の中から正しいことばを選んで［　］に書きましょう。 1問5点(15点)

(1) What sport do you like?
I like tennis.

(2) What do you want?
I want a bag.

(3) What subject do you have on Thursdays?
I have English.

badminton	tennis
a bag	a racket
Japanese	English

8 日本文に合うように、グレーの部分はなぞり、［　］にことばを入れましょう。 1問5点(10点)

(1) わたしの誕生日は1月1日です。
My birthday is January 1st.

(2) わたしは医者になりたいです。
I want to be a doctor.

間違えた言葉を書きましょう

5 職業《しょくぎょう》を表す語を改めて確認《かくにん》しましょう。

6 (1)「何のくだもの」は、what fruit、(2)「～はいつですか。」は、When is ～?で表します。
(3)「～曜日には何(の教科)がありますか。」とたずねるときは、What do you have on ～?と言います。「～」には曜日が入ります。曜日の最後にsを付けると1回ではなく、「毎週～曜日」の意味になります。

7 質問《しつもん》はそれぞれ、(1)はスポーツ、(2)はほしいもの、(3)は教科をたずねています。

8 (1)「わたしの誕生日《たんじょうび》は～です。」は［My birthday is＋月を表す語＋順番を表す語.］で表します。
(2)「わたしは～になりたいです。」は［I want to be＋a[an]＋職業の名前.］で表します。

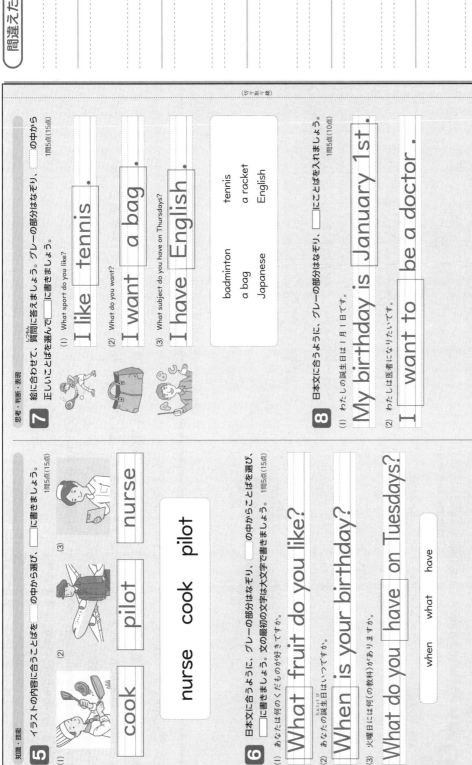

冬のチャレンジテスト

教科書 50〜79ページ

名前　　月　日

時間 40分

知識・技能 /50　思考・判断・表現 /50　合格80点 /100

答え16〜17ページ

知識・技能

1 音声の内容《ないよう》に合う絵を下から選び、(　　)に記号を書きましょう。

トラック163　1問4点(8点)

㋐　㋑　㋒

(1)(㋑)　(2)(㋒)

2 会話の内容に合う絵を下から選び、(　　)に記号を書きましょう。

トラック164　1問4点(12点)

(1) ㋐　㋑　㋒

(2) ㋐　㋑　㋒

(3) ㋐　㋑　㋒

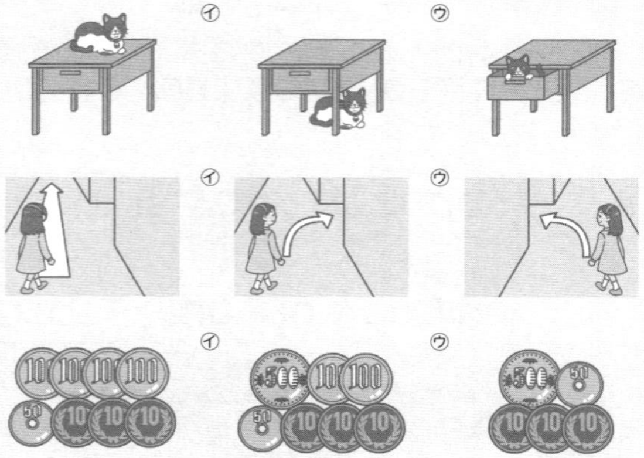

480 yen　780 yen　580 yen

(1)(㋑)　(2)(㋒)　(3)(㋐)

思考・判断・表現

3 会話の内容に合う絵の位置を地図のア〜オから選んで記号を書きましょう。

トラック165　1問5点(15点)

(1)　(2)　(3)

(ア)　(エ)　(イ)

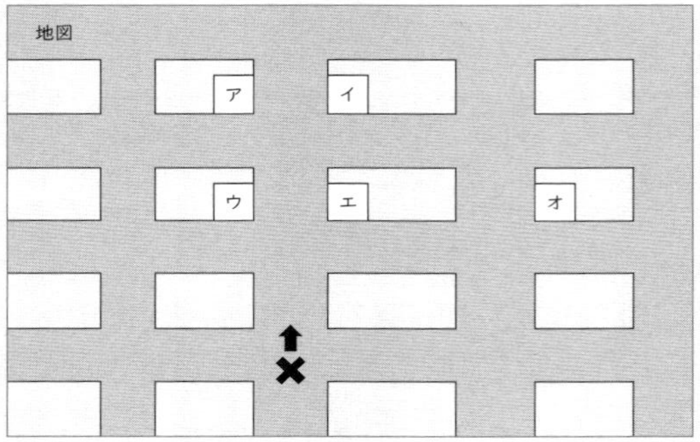

4 音声の内容に合うように(　　)に日本語を書きましょう。

トラック166　1問5点(10点)

(1) コウタのお気に入りの場所はどこですか。　(公園)

(2) それはどこの近くにありますか。　(図書館)

読まれる英語

1 (1)I can't swim.

(2)I can dance.

2 (1)A: Where is the cat?

B: It's under the desk.

(2)Turn left.

(3)A: How much is the juice?

B: It's 480 yen.

3 (1)A: Where is the post office?

B: Go straight for two blocks. Turn left. You can see it on your right.

(2)A: Where is the hospital?

B: Go straight for one block. Turn right. You can see it on your left.

(3)A: Where is the park?

B: Go straight for two blocks. Turn right. You can see it on your left.

4 Hello. I'm Kota. My favorite place is the park. It's by the library.

1 canやcan'tのあとの語に注意して聞き取りましょう。

2 (1)は位置を表す言葉、(2)は方向を表す言葉、(3)は金額《きんがく》の数字に注意して聞き取りましょう。

3 blockは、周囲を道で囲まれた区画のことを表します。Go straight for 〜 block(s).で「〜区画まっすぐ行ってください。」という意味です。

4 (1)favorite place isのあとの語をしっかり聞き取りましょう。

(2)It's by the library.から考えます。

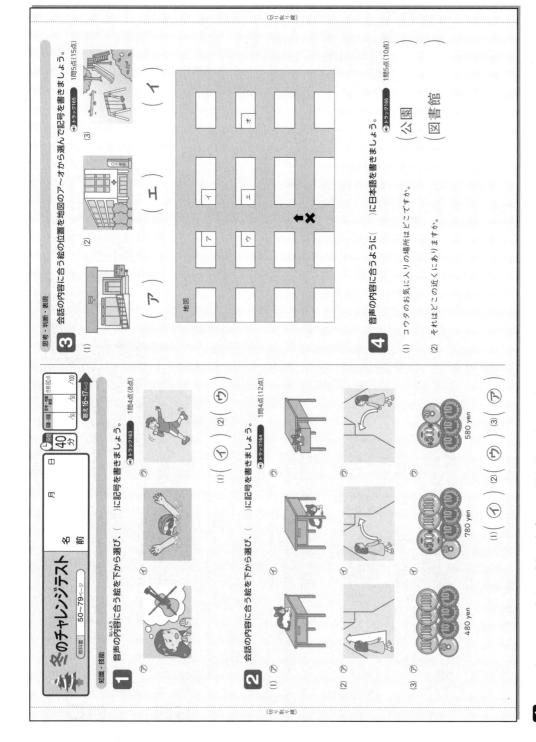

知識・技能

5 イラストの内容に合うことばを［　］の中から選び、［　］に書きましょう。 1問5点(15点)

(1)  run fast

(2)  sing well

(3)  swim fast

sing well　swim fast　run fast

6 日本文に合うように、グレーの部分はなぞり、［　］の中からことばを選び、［　］に書きましょう。文の最初の文字は大文字で書きましょう。 1問完答で5点(15点)

(1) 彼《かれ》はサッカーをすることができます。

He can play soccer.

(2) 彼はけん玉をすることができません。

He can't play kendama.

(3) 彼女《かのじょ》は上手におどることができます。

She can dance well.

she　he　can　can't

思考・判断・表現

7 絵を見て質問《しつもん》に答えましょう。グレーの部分はなぞり、［　］の中から正しいことばを選んで［　］に書きましょう。 1問5点(15点)

(1)  Where is the pen?

It's in the box.

(2)  What would you like?

I'd like spaghetti.

(3)  How much is it?

It's 540 yen.

in the box	on the desk
spaghetti	pizza
840 yen	540 yen

8 日本文に合うように、グレーの部分はなぞり、［　］にことばを入れましょう。文の最初の文字は大文字で書きましょう。 1問5点(10点) ※(2)は完答

(1) これは何ですか。

What's this?

(2) それはみそ汁です。それは健康によいです。

It's miso soup. It's healthy.

間違えた言葉を書きましょう

5 動作を表す語を確認《かくにん》しましょう。

6 「彼《かれ》は」はhe、「彼女《かのじょ》は」はsheです。「できます」はcan、「できません」はcan'tを使って表します。

7 (1)inは「～の中に」という意味で、onは「～の上に」という意味です。

(2)What would you like?は、「あなたは何がほしいですか。」をていねいにたずねる言い方です。I'd like ～.もI want ～.「わたしは～がほしいです。」をていねいにした言い方です。絵からspaghetti「スパゲッテイ」を選びます。

(3)「～はいくらですか。」という質問《しつもん》です。［It's＋値段《ねだん》.］で答えますが、ここは540 yenを選びます。

8 (1)「～は何ですか。」はWhat's ～?で表します。

(2)「それは～です。」はIt's ～.で表します。「健康によい」はhealthyです。

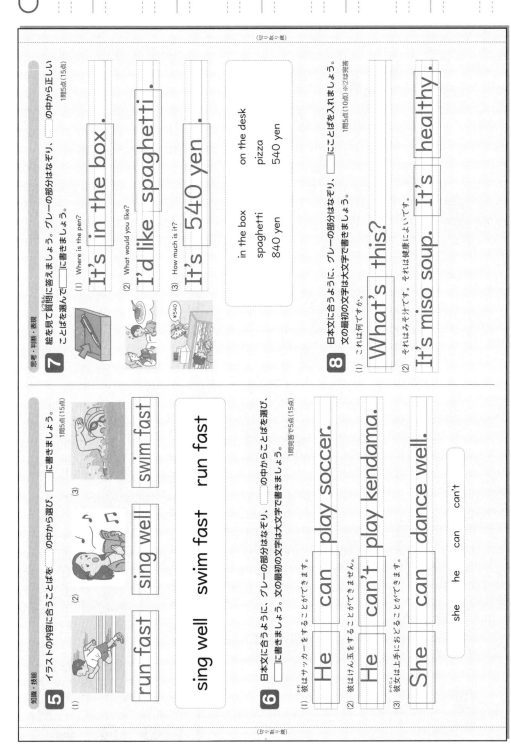

春のチャレンジテスト

教科書 86～105ページ

名前　　　月　　日

時間 40分

知識・技能	思考・判断・表現	合格80点
/50	/50	/100

答え 18～19ページ

知識・技能

1 音声の内容に合う絵を下から選び、(　)に記号を書きましょう。　トラック167　1問4点(8点)

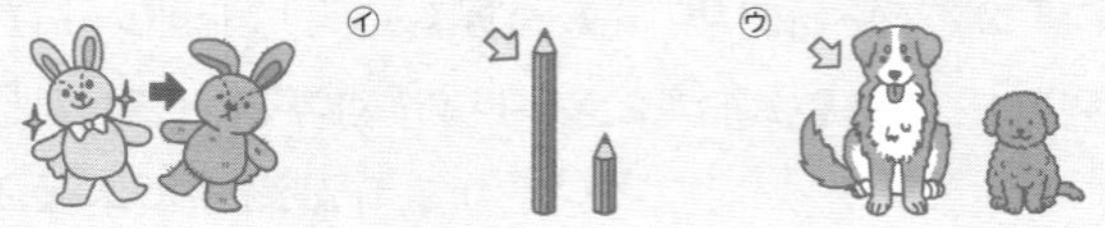

(1)(㋐)　(2)(㋑)

2 音声の内容に合う絵を下から選び、(　)に記号を書きましょう。　トラック168　1問4点(12点)

(1)(㋑)　(2)(㋒)　(3)(㋒)

思考・判断・表現

3 自分たちの町について発表します。
音声の内容に合う絵を左と右で結びましょう。　トラック169　1問完答で5点(15点)

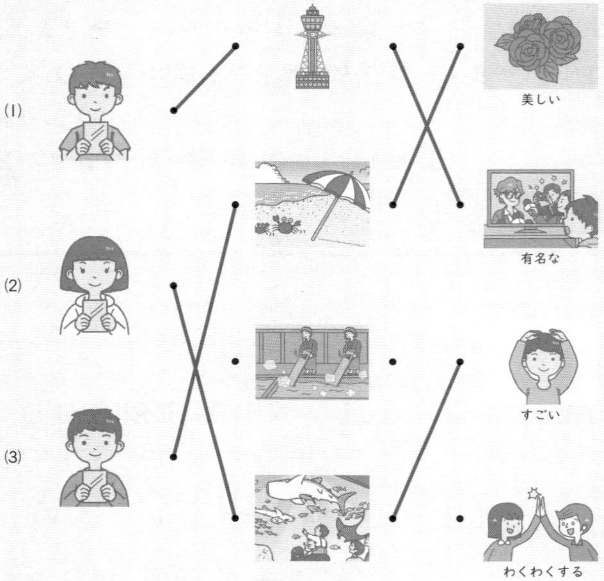

4 音声の内容に合うように(　)に日本語を書きましょう。　トラック170　1問5点(10点)

(1) サキのヒーローはだれですか。　(ヤマダさん)

(2) サキのヒーローは何が得意ですか。　(ダンス[おどり])

読まれる英語

1 (1) old
(2) long

2 (1) We have a temple. It's old.
(2) A: Are you good at skiing?
B: Yes, I am.
(3) A: Who is your hero?
B: My hero is Mr. Sato.

3 (1) We have a tower. It's famous.
(2) We have an aquarium. It's great.
(3) We have a beach. It's beautiful.

4 Hello. I'm Saki. My hero is Ms. Yamada. She is good at dancing. She is kind.

1 状態《じょうたい》や様子を表す英語に注意して聞き取りましょう。

2 (1)はWe haveのあとの語句《ごく》、(2)はgood atのあとの語、(3)はMy hero isのあとの語句に注意して、聞き取りましょう。

3 いずれも、「何があるか」とそれが「どのようであるか」が読まれます。We haveのあとと、It'sのあとの語句に注意して聞き取りましょう。

4 (1) My hero is Ms. Yamada.から考えます。
(2) She is good at dancing.から考えます。

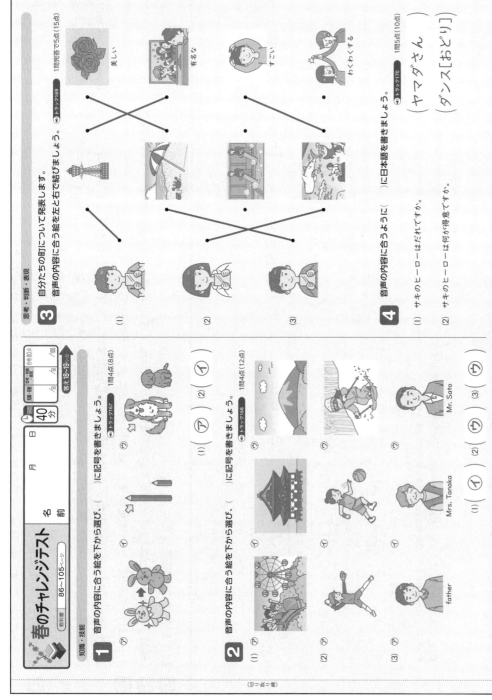

知識・技能

5 イラストの内容に合うことばを［　］の中から選び、［　］に書きましょう。
1問5点(15点)

(1)

library

(2)

zoo

(3)

hospital

hospital　library　zoo

6 日本文に合うように、グレーの部分はなぞり、［　］の中からことばを選び、［　］に書きましょう。
1問5点(15点) ※(2)は完答

(1) 湖がありま す。
We have a lake.

(2) わたしたちは泳ぐことを楽しむことができます。
We can enjoy swimming.

(3) それはわくわくします。
It's exciting.

enjoy　can　exciting　have

思考・判断・表現

7 絵の内容に合わせて、質問《しつもん》に答えましょう。グレーの部分はなぞり、［　］の中から正しいことばを選んで［　］に書きましょう。文の最初の文字は大文字で書きましょう
1問5点(15点)

(1) Are you good at cooking?
No, I'm not.

(2) Who is Endo Sayumi?
She is a teacher.

(3) Who is your hero?
My hero is my grandfather.

No, I'm not.　Yes, I am.
a singer　a teacher
my grandmother　my grandfather

8 日本文に合うように、グレーの部分はなぞり、［　］にことばを入れましょう。文の最初の文字は大文字で書きましょう。
1問5点(10点)

(1) わたしのヒーローは、わたしの母です。
My hero is my mother.

(2) 彼女《かのじょ》は看護師《かんごし》です。
She is a nurse.

間違えた言葉を書きましょう

5 建物などを表す語を改めて確認《かくにん》しましょう。

6 (1)「～があります。」はWe have ～.で表せます。
(2)「わたしたちは～を楽しむことができます。」はWe can enjoy ～.で表せます。
(3)「それはわくわくします。」はIt's exciting.という表現《ひょうげん》を使います。

7 (1)「あなたは～が得意ですか」という質問《しつもん》です。得意ではない様子なのでNo, I'm not.を選びましょう。
(2)絵から、「先生」a teacherを選びます。(3)絵から、「私の祖父」my grandfatherを選びます。

8 (1)「わたしのヒーローは～です。」はMy hero is ～.で表します。
(2)「彼女《かのじょ》は～です。」はShe is ～.と表します。

5年 英語のまとめ

学力診《しん》断《だん》テスト

名前　　　月　日

時間 40分 | 知識・技能 /50 | 思考・判断・表現 /50 | 合格80点 /100

答え20〜21ページ

知識・技能

1 音声の内容に合う絵を下から選び、(　　)に記号を書きましょう。 トラック171 1問4点(8点)

(1)(㋒) (2)(㋑)

2 会話の内容に合う絵を下から選び、(　　)に記号を書きましょう。 トラック172 1問4点(12点)

(1)(㋒) (2)(㋐) (3)(㋑)

思考・判断・表現

3 音声を聞き、それぞれの好きな教科と得意なことを線で結びましょう。 トラック173 1問完答で5点(15点)

4 ポスターを見ながら案内を聞き、下の質問に日本語で答えましょう。 トラック174 1問5点(10点)

School Camp
September 15-17
arts and crafts
calligraphy
cooking
sports & dancing
speaking English

(1) 何のスポーツが楽しめますか。3つ答えましょう。

(ドッジボール、バスケットボール、一輪車)

(2) 昼食には何を作りますか。

(カレーライス)

読まれる英語

1 (1)A: When's Christmas?
B: It's in December.
(2) This is my sister. She can play the piano.

2 (1)A: Do you help at home?
B: Yes, always. I always wash the dishes.
(2)女の子: Where's your cat, Kevin?
ケビン: It's under the desk.
(3)A: Are you good at swimming?
B: No, I'm not. I'm not good at swimming.

3 (1)タイガ : I'm Taiga. I like English.
I'm good at skating.
(2)男の人: What subject do you like, Keiko?
ケイコ : I like science.
男の人: Are you good at singing?
ケイコ : Yes, I am. I'm good at singing.
(3)ケビン: My name is Kevin. I like math.
I'm good at swimming.

4 We have a camp at our school. It's from September 15th to September 17th.
We can enjoy sports; dodgeball, basketball and riding a unicycle. Let's cook curry and rice for lunch. Please join us!

---

1 (1) When's ～? は「いつですか。」の意味で、When is を短くした形です。「クリスマス」はDecember「12月」にありますね。

2 (1) Do you help at home? は、「家で手伝いをしますか。」です。答えの文のalwaysは「いつも」、wash the dishes は「食器を洗《あら》う」という意味です。
(3) I'm not good at swimming. は「わたしは泳ぐことが得意《とくい》ではありません。」という意味です。

4 案内では女の人が、「わたしたちの学校でキャンプをします。9月15日から9月17日までです。わたしたちはドッジボール、バスケットボール、一輪車乗りというスポーツを楽しむことができます。昼ご飯にはカレーライスを作りましょう。参加してください！」と言っています。

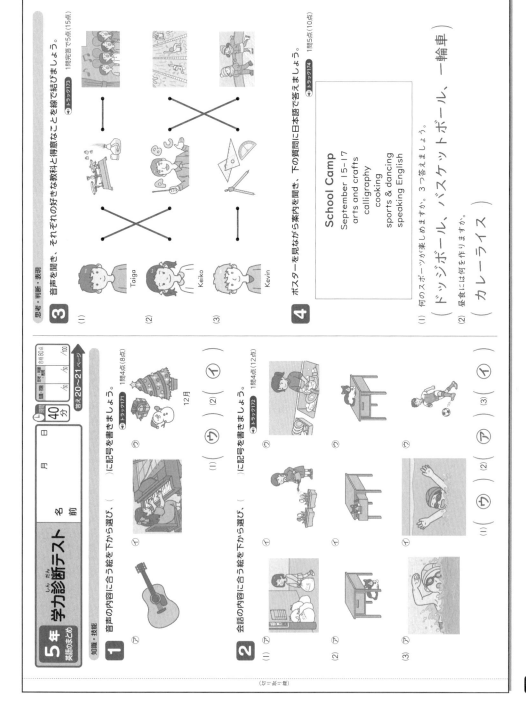

知識・技能

5 絵を見て、その内容を示す英語を、□の中から選んで□に書きましょう。

1問5点(15点)

(1)

guitar

(2)

Tuesday

(3)

Wednesday

Wednesday guitar Tuesday

6 日本文に合うように、グレーの部分はなぞり、□の中から英語を選び、□に書きましょう。文の最初の文字は大文字で書きましょう。

1問完答で5点(15点)

(1) わたしはたいてい食卓《しょくたく》の用意をします。

I usually set the table.

(2) わたしはピザを食べたいです。

I want to eat pizza.

(3) カナダに行きましょう。

Let's go to Canada.

go eat let's usually want

思考・判断・表現

7 絵の中の男の子になったつもりで自己しょうかいをしましょう。グレーの部分はなぞり、□の中から正しい英語を選んで□に書きましょう。

1問5点(15点)

(1) Hi, I'm Riku.

(2) I can run fast.

(3) I'm good at playing tennis.

I'm good at playing tennis I'm Riku
can swim can run fast

8 日本文に合うように、グレーの部分はなぞり、□に英語を入れましょう。文の最初の文字は大文字で書きましょう。

1問5点(10点)

(1) わたしはじょうずにおどることができません。

I can't dance well.

(2) あなたはどこへ行きたいですか。

Where do you want to go?

(切り取り線)

5 (2)(3) 曜日を表す言葉は大文字で書き始めることに注意しましょう。

6 (1) 「たいてい」は、usuallyで表します。

(2) 「ピザを食べたい」は、want to eat pizzaで表します。

7 (1) I'm ～.は、「わたしは～です。」という意味です。

(2) canは「～できます。」と伝えるときに使います。絵では速く走っているので、can run fastを選びます。

8 (1) 「～できません」は、can't ～で表します。

間違えた言葉を書きましょう

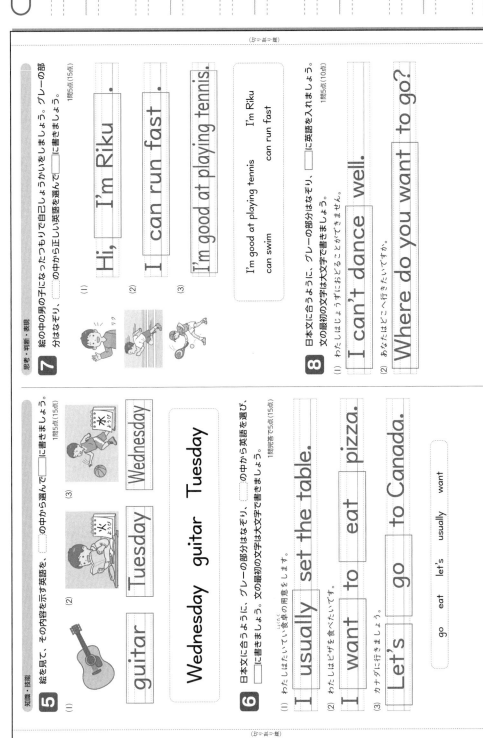

メモ

メモ

付録 とりはずしてお使いください。

英語 おさらいドリル

5年

こちらから
単語や文章の音声を
聞くことができます。

年　組

アルファベット

アルファベットの大文字をなぞりましょう。また、くり返し書いてみましょう。

A B C D E F

G H I J K L

M N O P Q R

S T U V W X

Y Z

アルファベットの小文字をなぞりましょう。また、くり返し書いてみましょう。

a b c d e f

g h i j k l

m n o p q r

s t u v w x

y z

気分を表す言葉

気分を表す言葉をなぞりましょう。また、くり返し書いてみましょう。

□わくわくした

excited

□うれしい

happy

□悲しい

sad

□眠い

sleepy

□心配な

nervous

□悪い

bad

聞かれたことについて、自分ならどう答えるか書いてみましょう。
空らんのことばを埋めて、文をなぞりましょう。

1 自分の気分を伝えるとき

I'm ＿＿＿＿＿＿＿＿.

（私は〇〇です。）

2 相手の気分をたずねるとき、答えるとき

Are you ＿＿＿＿＿＿＿＿?

（あなたは〇〇ですか。）

Yes, I am.

（はい、そうです。）

No, I'm not.

（いいえ、そうではありません。）

色を表す言葉

色を表す言葉をなぞりましょう。また、くり返し書いてみましょう。

□グレー

gray

□金

gold

□ライトブルー

light blue

□むらさき

purple

□銀

silver

□黄緑

yellow green

聞かれたことについて、自分ならどう答えるか書いてみましょう。
空らんのことばを埋めて、文をなぞりましょう。

1 相手に好きな色をたずねるとき、答えるとき

What color do you like?

（あなたは何色が好きですか。）

I like ＿＿＿＿＿＿＿＿.

（私は〇〇が好きです。）

2 相手に「～色は好きですか。」と具体的にたずねるとき、答えるとき

Do you like ＿＿＿＿＿＿＿＿?

（あなたは〇〇が好きですか。）

Yes, I do.

（はい、そうです。）

No, I don't.

（いいえ、そうではありません。）

スポーツを表す言葉

スポーツを表す言葉をなぞりましょう。また、くり返し書いてみましょう。

□クリケット

cricket

□フェンシング

fencing

□フィギュアスケート

figure skating

□ラグビー

rugby

□スノーボード

snowboarding

□車いすテニス

wheelchair tennis

聞かれたことについて、自分ならどう答えるか書いてみましょう。
空らんのことばを埋めて、文をなぞりましょう。

① 相手に好きなスポーツをたずねるとき、答えるとき

What sport do you like?

（あなたは何のスポーツが好きですか。）

I like ＿＿＿＿＿＿＿＿.

（私は○○が好きです。）

② 自分の得意なスポーツを伝えるとき

I'm good at ＿＿＿＿＿＿＿＿.

（私は○○が得意です。）

③ 自分ができるスポーツを答えるとき

I can ＿＿＿＿＿＿＿＿.

（私は○○をすることができます。）

おもに球を使うスポーツは、play ＋スポーツの言葉
剣道や柔道などは、do ＋スポーツの言葉　となるよ。
フィギュアスケート、またはスノーボードができる
というときは　I can figure skate.　というよ。
I can snowboard.

食べ物（料理・デザート）を表す言葉

食べ物を表す言葉をなぞりましょう。また、くり返し書いてみましょう。

□アップルパイ

apple pie

□チーズケーキ

cheese cake

□焼き飯

fried rice

□フィッシュアンドチップス

fish and chips

□ポークステーキ

pork steak

□ローストビーフ

roast beef

聞かれたことについて、自分ならどう答えるか書いてみましょう。
空らんのことばを埋めて、文をなぞりましょう。

① 朝ごはんに食べるものを伝えるとき

I have ______________________

for breakfast.

（私は朝食に○○を食べます。）

② 注文をするとき

I'd like ______________________.

（○○をお願いします。）

______________________, please.

（○○をお願いします。）

③ 食べたいものを伝えるとき

I want to eat ______________________.

（私は○○を食べたいです。）

飲み物を表す言葉

飲み物を表す言葉をなぞりましょう。また、くり返し書いてみましょう。

□コーヒー

coffee

□ミネラルウォーター

mineral water

□りんごジュース

apple juice

□オレンジジュース

orange juice

□緑茶

green tea

□ホットチョコレート

hot chocolate

聞かれたことについて、自分ならどう答えるか書いてみましょう。
空らんのことばを埋めて、文をなぞりましょう。

1 昼食に食べるものや飲むものを伝えるとき

I have ＿＿＿＿＿＿＿＿

for lunch.

（私は昼食に○○を食べます。）

2 注文をするとき

What would you like?

（何にいたしますか。）

I'd like ＿＿＿＿＿＿＿＿.

（○○をお願いします。）

＿＿＿＿＿＿＿＿, please.

（○○をお願いします。）

果物・野菜・食材を表す言葉

果物・野菜・食材を表す言葉をなぞりましょう。また、くり返し書いてみましょう。

□アスパラガス

asparagus

□カボチャ

pumpkin

□セロリ

celery

□ブルーベリー

blueberry

□マンゴー

mango

□海そう

seaweed

聞かれたことについて、自分ならどう答えるか書いてみましょう。
空らんのことばを埋めて、文をなぞりましょう。

1 ものの数をたずねるとき

How many ______________ ?

（○○はいくつですか。）

2 好きなものをたずねるとき、答えるとき

What vegetable do you like?

（何の野菜が好きですか。）

What fruit do you like?

（何の果物が好きですか。）

I like ______________ .

（○○が好きです。）

動物・海の生き物を表す言葉

動物・海の生き物を表す言葉をなぞりましょう。また、くり返し書いてみましょう。

□カピバラ

capybara

□タヌキ

raccoon dog

□ワシ

eagle

□フラミンゴ

flamingo

□カメ

turtle

□イカ

squid

聞かれたことについて、自分ならどう答えるか書いてみましょう。
空らんのことばを埋めて、文をなぞりましょう。

1 動物がどこにいるかをたずねるとき、答えるとき

Where is ______ ?

（〇〇はどこにいますか。）

It's on the chair.

（いすの上にいます。）

2 好きな動物をたずねるとき、答えるとき

What animal do you like?

（何の動物が好きですか。）

I like ______ .

（〇〇が好きです。）

好きな動物を答えるときは、その動物は s をつけて複数形で表すよ。
（例）dog → dogs

虫・昆虫を表す言葉

虫・昆虫を表す言葉をなぞりましょう。また、くり返し書いてみましょう。

□アリ

ant

□甲虫

beetle

□イモ虫

caterpillar

□トンボ

dragonfly

□キリギリス・バッタ

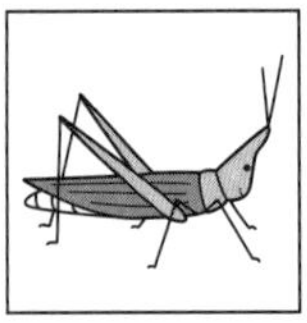

grasshopper

□クモ

spider

聞かれたことについて、自分ならどう答えるか書いてみましょう。
空らんのことばを埋めて、文をなぞりましょう。

1 動物や虫がどこに生息しているかをたずねるとき、答えるとき

Where do ＿＿＿＿＿＿＿＿ live?

（○○はどこに生息していますか。）

生息している動物や虫などは集団なので、複数形で表すよ。
（例）beetle → beetles

They live in forests.

（それらは森林に生息しています。）

2 見えている動物や虫などについて伝えるとき

I see ＿＿＿＿＿＿＿＿.

（わたしには○○が見えます。）

性格を表す言葉

性格を表す言葉をなぞりましょう。また、くり返し書いてみましょう。

□はずかしがりの

shy

□創造力がある

creative

□友好的な

friendly

□利口な

smart

□活動的な

active

□やさしい

gentle

聞かれたことについて、自分ならどう答えるか書いてみましょう。
空らんのことばを埋めて、文をなぞりましょう。

1 自分のまわりの人を紹介するとき

This is my friend, Yuka.

（こちらは私の友達のユカです。）

She's ＿＿＿＿＿＿＿＿.

（彼女は○○です。）

2 自分のヒーローについて伝えるとき

My hero is my father.

（私のヒーローは私の父です。）

He's ＿＿＿＿＿＿＿＿.

（彼は○○です。）

家族・人を表す言葉

家族・人を表す言葉をなぞりましょう。また、くり返し書いてみましょう。

□祖父、祖母

grandparent

□親

parent

□おば

aunt

□おじ

uncle

□いとこ

cousin

□近所の人

neighbor

聞かれたことについて、自分ならどう答えるか書いてみましょう。
空らんのことばを埋めて、文をなぞりましょう。

1 自分のまわりの人について紹介するとき

Who is this?

（［写真などを見ながら］ こちらはどなたですか。）

She's my ＿＿＿＿＿＿＿＿ .

（彼女は私の○○です。）

2 自分のまわりの人がどんな人か伝えるとき

My ＿＿＿＿＿＿＿＿ is kind.

（私の○○は親切です。）

動作を表す言葉

動作を表す言葉をなぞりましょう。また、くり返し書いてみましょう。

□髪をとく

comb my hair

□ゴミを出す

take out the garbage

□昆虫をとる

catch insects

□指を鳴らす

snap my fingers

□立ち上がる

stand up

□すわる

sit down

聞かれたことについて、自分ならどう答えるか書いてみましょう。
空らんのことばを埋めて、文をなぞりましょう。

1 自分の日課について伝えるとき

I ＿＿＿＿＿＿＿＿

every morning.

（私は毎朝○○します。）

I sometimes ＿＿＿＿＿＿＿＿ .

（私はときどき○○します。）

2 できることをたずねるとき、答えるとき

Can he ＿＿＿＿＿＿＿＿ ?

（彼は○○できますか。）

Yes, he can.

（はい、できます。）

No, he can't.

（いいえ、できません。）

楽器を表す言葉

楽器を表す言葉をなぞりましょう。また、くり返し書いてみましょう。

□アコーディオン

accordion

□ハーモニカ

harmonica

□キーボード

keyboard

□ピアニカ・メロディカ

melodica

□タンバリン

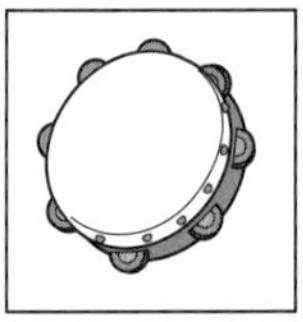

tambourine

□トランペット

trumpet

聞かれたことについて、自分ならどう答えるか書いてみましょう。
空らんのことばを埋めて、文をなぞりましょう。

1 自分が演奏できる楽器について伝えるとき

I can play the ＿＿＿＿＿＿＿＿＿＿.

（私は〇〇を演奏することができます。）

2 彼 / 彼女が楽器を演奏できるかたずねるとき、答えるとき

Can she play

the ＿＿＿＿＿＿＿＿＿＿?

（彼女は〇〇を演奏することができますか。）

Yes, she can.

（はい、できます。）

No, she can't.

（いいえ、できません。）

町にあるものを表す言葉

町にあるものを表す言葉をなぞりましょう。また、くり返し書いてみましょう。

□動物病院

animal hospital

□銀行

bank

□市役所

city hall

□映画館

movie theater

□ショッピングモール

shopping mall

□文ぼう具店

stationery store

聞かれたことについて、自分ならどう答えるか書いてみましょう。
空らんのことばを埋めて、文をなぞりましょう。

1 町にある建物などが、どこにあるかたずねるとき、伝えるとき

Where is ＿＿＿＿＿＿＿＿＿＿ ?

（〇〇はどこにありますか。）

Go straight.

（まっすぐ進んでください。）

Turn left.

（左に曲がってください。）

You can see it on your right.

（右に見えます。）

学校にまつわるものを表す言葉

学校にまつわるものを表す言葉をなぞりましょう。また、くり返し書いてみましょう。

□通学かばん

school bag

□制服

school uniform

□黒板

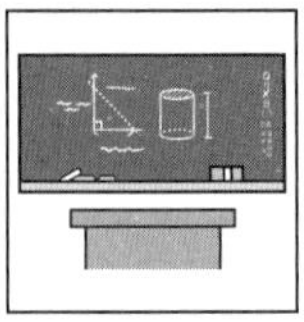

blackboard

□調理室

cooking room

□理科室

science room

□コンピューター室

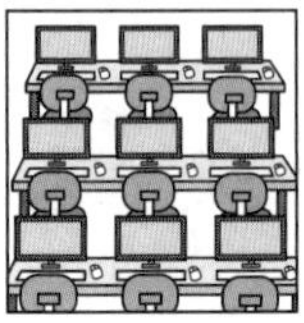

computer room

聞かれたことについて、自分ならどう答えるか書いてみましょう。
空らんのことばを埋めて、文をなぞりましょう。

1 学校にあるものがどこにあるかたずねるとき

Where is ＿＿＿＿＿＿＿＿ ?

（○○はどこにありますか。）

It's next to the cooking room.

（それは調理室のとなりにあります。）

2 校内のお気に入りの場所をつたえるとき

My favorite place is

＿＿＿＿＿＿＿＿ .

（わたしのお気に入りの場所は○○です。）

教科書ぴったりトレーニング

はなまるシール

- ふろくの「がんばり表」に使おう！
- はじめに、キミのおとも犬を選んで、がんばり表にはろう！
- 学習が終わったら、がんばり表に「はなまるシール」をはろう！
- 余ったシールは自由に使ってね。

キミのおとも犬

はなまるシール

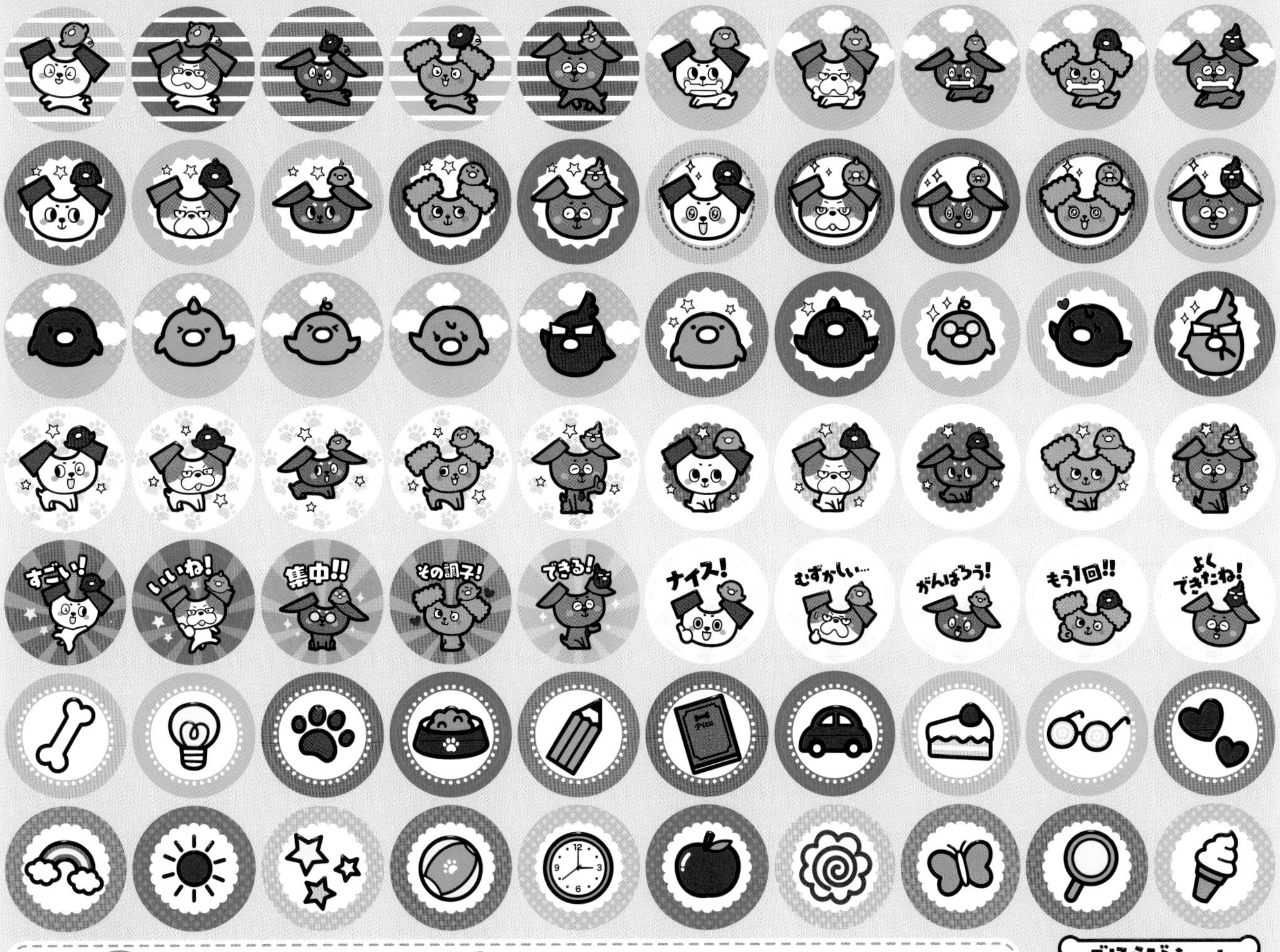

ごほうびシール

好きななまえをつけてね！

なまえ

ぴた犬
（おとも犬）
シールを
はろう

シールの中から好きなぴた犬を選ぼう。

おうちのかたへ

がんばり表のデジタル版「デジタルがんばり表」では、デジタル端末でも学習の進捗記録をつけることができます。1 冊やり終えると、抽選でプレゼントが当たります。「ぴたサポシステム」にご登録いただき、「デジタルがんばり表」をお使いください。LINE または PC・ブラウザを利用する方法があります。

LINE用

PC・ブラウザ用

★ ぴたサポシステムご利用ガイドはこちら ★
https://www.shinko-keirin.co.jp/shinko/news/pittari-support-system

スタート

8~9ページ ぴったり1 2 できたらシールをはろう

10~11ページ ぴったり1 2 できたらシールをはろう

12~13ページ ぴったり3 できたらシールをはろう

14~15ページ ぴったり1 2 できたらシールをはろう

16~17ページ ぴったり1 2 できたらシールをはろう

18~19ページ ぴったり3 できたらシールをはろう

20~21ページ ぴったり1 2 できたらシールをはろう

Lesson 4　I can draw pictures well.

40~41ページ ぴったり1 2 できたらシールをはろう

42~43ページ ぴったり1 2 できたらシールをはろう

44~45ページ ぴったり1 2 できたらシールをはろう

46~47ページ ぴったり3 できたらシールをはろう

Lesson 5　Where is the station?

48~49ページ ぴったり1 2 できたらシールをはろう

50~51ページ ぴったり1 2 できたらシールをはろう

52~53ページ ぴったり3 できたらシールをはろう

54~55ページ ぴったり1 2 できたらシールをはろう

56~57ページ ぴったり1 2 できたらシールをはろう

58~59ページ ぴったり3 できたらシールをはろう

84~85ページ ぴったり1 2 できたらシールをはろう

86~87ページ ぴったり3 できたらシールをはろう

ゴール

最後までがんばったキミは「ごほうびシール」をはろう！

ごほうびシールをはろう

『ぴたトレ』は教科書にぴった
できるよ。教科書も見ながら
ぴた犬たちが勉強をサポート

教科書ぴったりトレーニングの使い方

ふだんの学習

ぴったり1 準備

教科書のだいじなところをまとめていくよ。
めあて でどんなことを勉強するかわかるよ。
音声を聞きながら、自分で声に出してかくにん
QR コードから「3 分でまとめ動画」が見られ

※QR コードは株式会社デンソーウェー

ぴったり2 練習

「ぴったり 1」で勉強したこと、おぼえている
かくにんしながら、自分で書く練習をしよう。

ぴったり3 確かめのテスト

「ぴったり 1」「ぴったり 2」が終わったら取り組
学校のテストの前にやってもいいね。
わからない問題は、ふりかえり を見て前に
くにんしよう。

ふだん
たら、
にシー

実力チェック

- 夏のチャレンジテスト
- 冬のチャレンジテスト
- 春のチャレンジテスト
- 5年 英語のまとめ 学力診断《しんだん》テスト

夏休み、冬休み、春休み前に
使いましょう。
学期の終わりや学年の終わりの
テストの前にやってもいいね。

別冊《べっさつ》

丸つけラクラク解答《かいとう》

問題と同じ紙面に赤字で「答え」が書いてあ
取り組んだ問題の答え合わせをしてみよう。
問題やわからなかった問題は、右の「てびき」
教科書を読み返したりして、もう一度見直そ

り合わせて使うことが
、勉強していこうね。
するよ。

んしよう。
いるよ。
ブの登録商標です。

かな？

んでみよう。

もどってか

の学習が終わっ
「がんばり表」
ルをはろう。

あるよ。
まちがえた
を読んだり、
そう。

おうちのかたへ

本書『教科書ぴったりトレーニング』は、教科書の要点や重要事項をつかむ「ぴったり１ 準備」、おさらいをしながら単語や表現の書き取りに慣れる「ぴったり２ 練習」、テスト形式で学習事項が定着したか確認する「ぴったり３ 確かめのテスト」の３段階構成になっています。教科書の学習順序やねらいに完全対応していますので、日々の学習（トレーニング）にぴったりです。

「観点別学習状況の評価」について

学校の通知表は、「知識・技能」「思考・判断・表現」「主体的に学習に取り組む態度」の３つの観点による評価がもとになっています。

問題集やドリルでは、一般に知識を問う問題が中心になりますが、本書『教科書ぴったりトレーニング』では、次のように、観点別学習状況の評価に基づく問題を取り入れて、成績アップに結びつくことをねらいました。

ぴったり３ 確かめのテスト

●「知識・技能」のうち、特に技能（具体的な情報の聞き取りなど）を取り上げた問題には「技能」と表示しています。

●「思考・判断・表現」のうち、特に思考や表現（予想したり文章で説明したりすることなど）を取り上げた問題には「思考・判断・表現」と表示しています。

チャレンジテスト

●主に「知識・技能」を問う問題か、「思考・判断・表現」を問う問題かで、それぞれに分類して出題しています。

別冊『丸つけラクラク解答』について

おうちのかたへ　では、次のようなものを示しています。

- **学習のねらいやポイント**
- **他の学年や他の単元の学習内容とのつながり**
- **まちがいやすいことやつまずきやすいところ**

お子様への説明や、学習内容の把握などにご活用ください。

内容の例

おうちのかたへ

このユニットでは、過去に行った場所やしたことを伝える表現を練習しました。I went to～.（私は～へ行きました。）などに対して、Sounds good!（楽しそうだね。）などを使って感想を伝えてみてください。

教科書ぴったりトレーニング 英語 5年 がんばり表

いつも見えるところに、この「がんばり表」をはっておこう。
この「ぴたトレ」を学習したら、シールをはろう！
どこまでがんばったかわかるよ。

Lesson 1　Hello, everyone.

- 22〜23ページ ぴったり1 2 できたら シールを はろう
- 24〜25ページ ぴったり3 できたら シールを はろう

Lesson 2　When is your special day?

- 26〜27ページ ぴったり1 2 できたら シールを はろう
- 28〜29ページ ぴったり1 2 できたら シールを はろう
- 30〜31ページ ぴったり3 できたら シールを はろう

Lesson 3　What do you have on Mondays?

- 32〜33ページ ぴったり1 2 できたら シールを はろう
- 34〜35ページ ぴったり1 2 できたら シールを はろう
- 36〜37ページ ぴったり1 2 できたら シールを はろう
- 38〜39ページ ぴったり3 できたら シールを はろう

Lesson 6　What would you like?

- 60〜61ページ ぴったり1 2 できたら シールを はろう
- 62〜63ページ ぴったり1 2 できたら シールを はろう
- 64〜65ページ ぴったり3 できたら シールを はろう
- 66〜67ページ ぴったり1 2 できたら シールを はろう
- 68〜69ページ ぴったり1 2 できたら シールを はろう
- 70〜71ページ ぴったり3 できたら シールを はろう

Lesson 7　I love my town.

- 72〜73ページ ぴったり1 2 できたら シールを はろう
- 74〜75ページ ぴったり1 2 できたら シールを はろう
- 76〜77ページ ぴったり1 2 できたら シールを はろう
- 78〜79ページ ぴったり3 できたら シールを はろう

Lesson 8　My Hero

- 80〜81ページ ぴったり1 2 できたら シールを はろう
- 82〜83ページ ぴったり1 2 できたら シールを はろう

HIJKL

ここでは、誕生日、好きなこと、できることについて話すときに使える英語を紹介しています。英語を見ながら、自分ならどう答えるか考えてみましょう。

ここから音声が聞けるよ！

スポーツを表す英語

- **badminton**（バドミントン）
- **baseball**（野球）
- **basketball**（バスケットボール）
- **dodgeball**（ドッジボール）
- **table tennis**（たっ球）
- **tennis**（テニス）
- **volleyball**（バレーボール）
- **rugby**（ラグビー）

バッチリポスター

A B C D E F G

英語 5 年 場面で覚える英語集

—注文・味の感想—

食べものを表す英語

- bread（パン）
- curry and rice（カレーライス）
- fried chicken（フライドチキン）
- omelet（オムレツ）
- rice（米）
- rice ball（おにぎり）
- sausage（ソーセージ）
- soup（スープ）
- spaghetti（スパゲッティ）
- hamburger（ハンバーガー）
- steak（ステーキ）
- salad（サラダ）
- pizza（ピザ）
- sandwich（サンドイッチ）
- French fries（フライドポテト）
- gril
- pan
- cak
- ice
- sha

ここでは、商品の注文や味の感想について話すときに使える英語を紹介しています。英語を見ながら、自分ならどう答えるか考えてみましょう。

HIJKL

ここから音声が聞けるよ！

- ed fish（焼き魚）
- cake（パンケーキ）
- e（ケーキ）
- cream（アイスクリーム）
- ved ice（かき氷）
- coffee（コーヒー）
- green tea（緑茶）
- tea（紅茶）
- water（水）
- milk（牛乳）

味などを表す英語

- bitter（苦い）
- salty（塩からい）
- sour（すっぱい）
- spicy（ぴりっとした）
- sweet（あまい）
- delicious（おいしい）
- hot（熱い、からい）
- cold（冷たい）
- soft（やわらかい）
- hard（かたい）

バッチリポスター

英語5年　場面で覚える英語集

―誕生日・好きなこと・できること―

教科を表す英語

- calligraphy（書道）
- home economics（家庭科）
- Japanese（国語）
- math（算数）
- moral education（道徳）
- music（音楽）
- P.E.（体育）
- science（理科）
- social studies（社会）
- arts and crafts（図工）
- English（英語）

音声クイズつき！

イラストでおぼえる

英語カード

5年

右のQRコードから、
音声を聞くことができます。

1 animal

□ bear

2 animal

□ cat

3 animal

□ dog

4 animal

□ fish

5 animal

□ horse

6 animal

□ lion

7 animal

□ rabbit

8 animal

□ snake

9 animal

□ tiger

10 subject

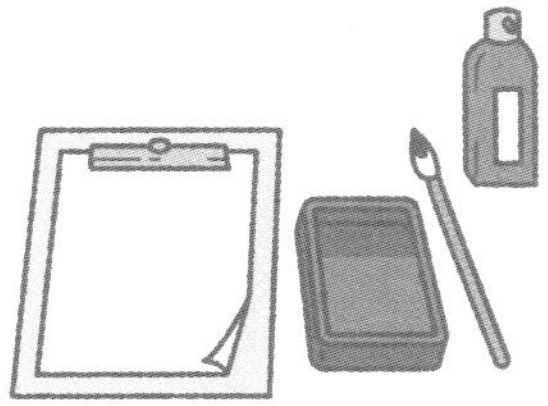

□ calligraphy

11 subject

□ English

12 subject

□ home economics

13 subject

□ Japanese

14 subject

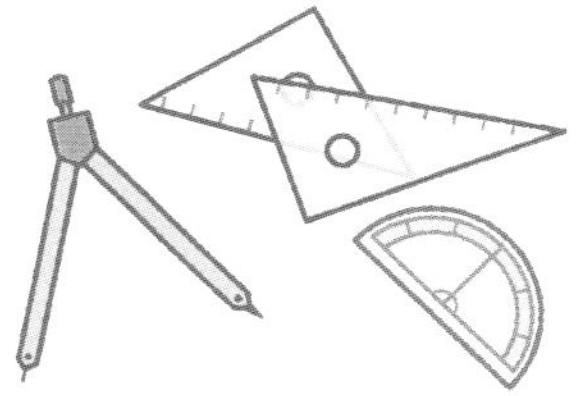

□ math

使い方

❶音声を聞いて、英語を読んでみましょう。イラストと合わせて覚えましょう。

❷日本語とイラストを見て、英語を言えるか確認《かくにん》してみましょう。

❸音声クイズを聞いて、答えのカードをさがしてみましょう。

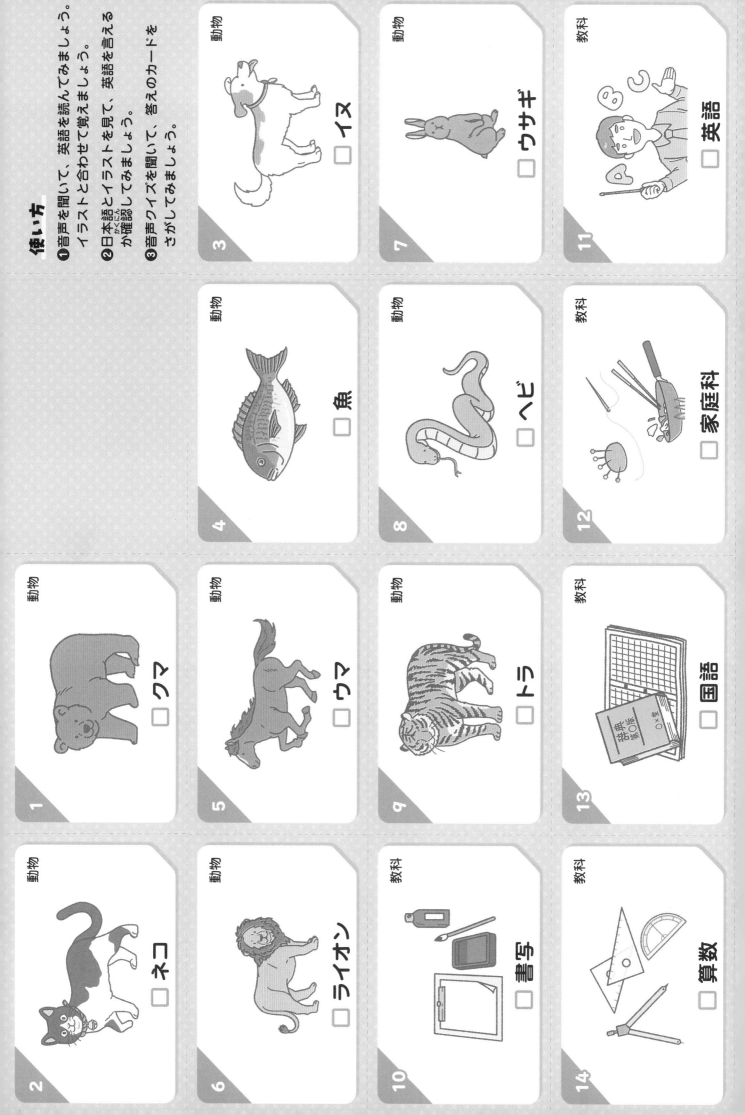

1 動物

☐ クマ

2 動物

☐ ネコ

3 動物

☐ イヌ

4 動物

☐ 魚

5 動物

☐ ウマ

6 動物

☐ ライオン

7 動物

☐ ウサギ

8 動物

☐ ヘビ

9 動物

☐ トラ

10 教科

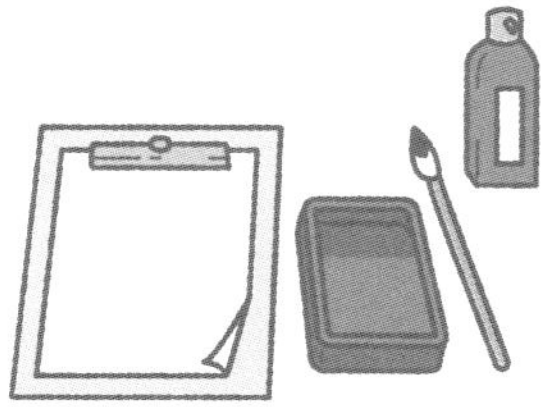

☐ 書写

11 教科

☐ 英語

12 教科

☐ 家庭科

13 教科

☐ 国語

14 教科

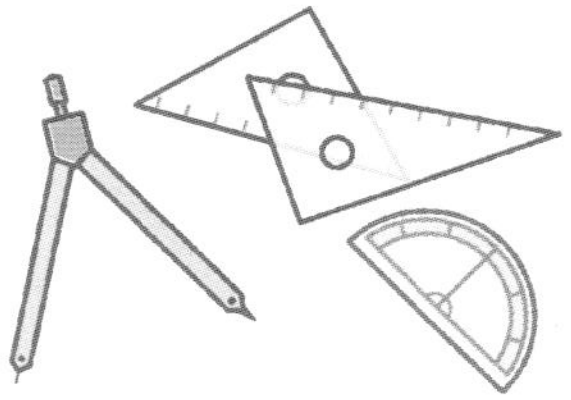

☐ 算数

15 subject

☐ moral education

16 subject

☐ music

17 subject

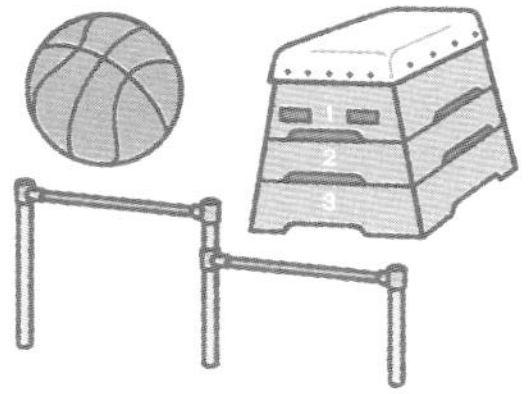

☐ P.E.

18 subject

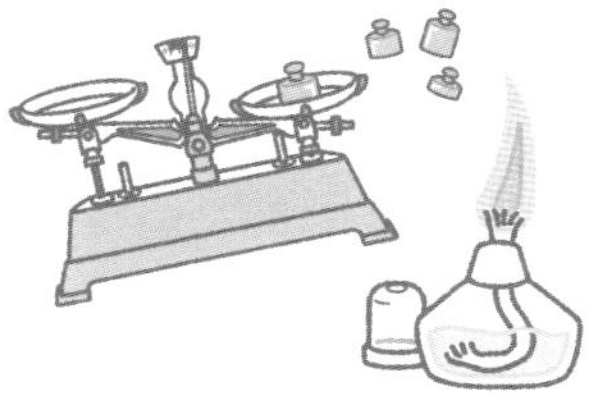

☐ science

19 subject

☐ social studies

20 sport

☐ badminton

21 sport

☐ baseball

22 sport

☐ basketball

23 sport

☐ dodgeball

24 sport

☐ rugby

25 sport

☐ skiing

26 sport

☐ soccer

27 sport

☐ swimming

28 sport

☐ table tennis

29 sport

☐ tennis

30 sport

☐ volleyball

15
教科

□ 道徳

16
教科

□ 音楽

17
教科
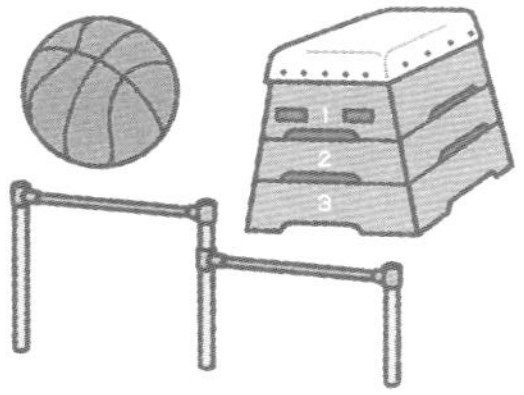
□ 体育

18
教科
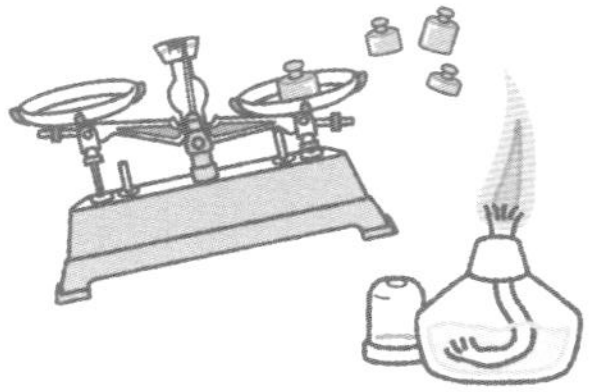
□ 理科

19
教科

□ 社会

20
スポーツ

□ バドミントン

21
スポーツ

□ 野球

22
スポーツ

□ バスケットボール

23
スポーツ

□ ドッジボール

24
スポーツ

□ ラグビー

25
スポーツ

□ スキー

26
スポーツ

□ サッカー

27
スポーツ

□ 水泳

28
スポーツ

□ 卓球《たっきゅう》

29
スポーツ

□ テニス

30
スポーツ

□ バレーボール

31 food

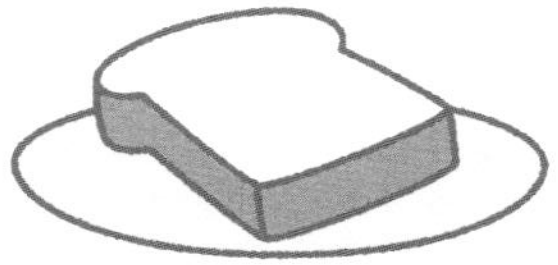

☐ bread

32 food

☐ cake

33 food

☐ chocolate

34 food

☐ curry and rice

35 food

☐ French fries

36 food

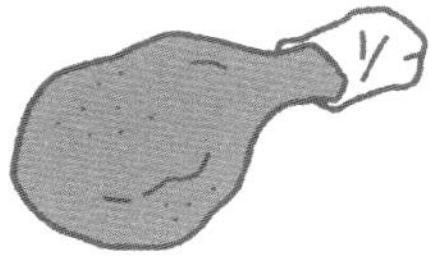

☐ fried chicken

37 food

☐ grilled fish

38 food

☐ hamburger

39 food

☐ ice cream

40 food

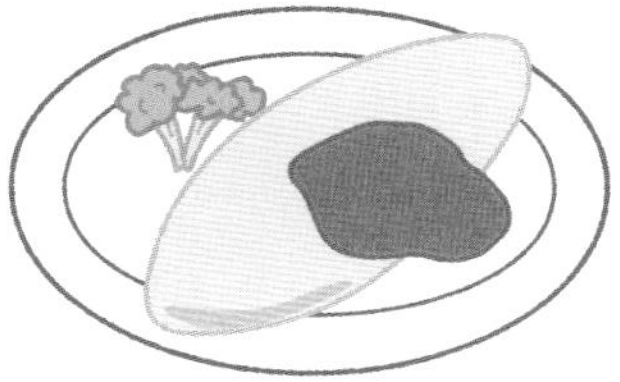

☐ omelet

41 food

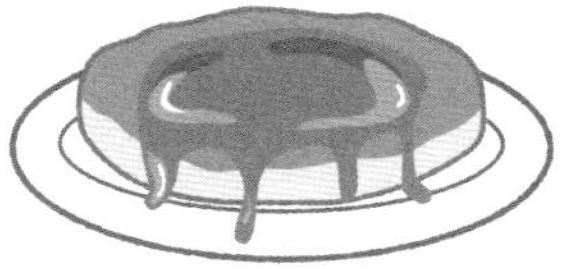

☐ pancake

42 food

☐ pizza

43 food

☐ pudding

44 food

☐ rice

45 food

☐ salad

46 food

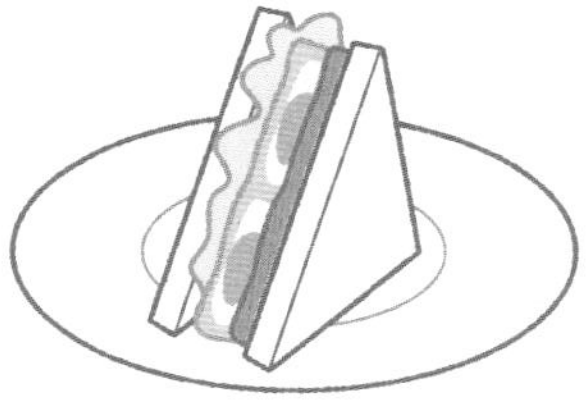

☐ sandwich

31 食べ物

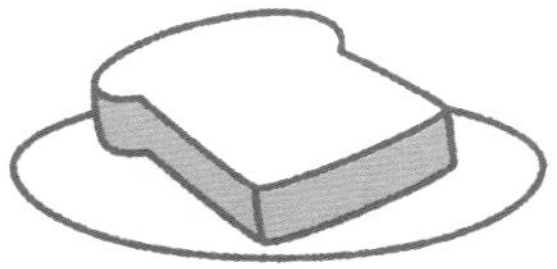

☐ パン

32 食べ物

☐ ケーキ

33 食べ物

☐ チョコレート

34 食べ物

☐ カレーライス

35 食べ物

☐ フライドポテト

36 食べ物

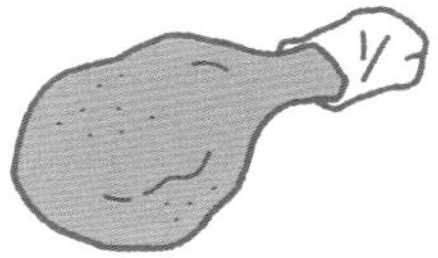

☐ フライドチキン

37 食べ物

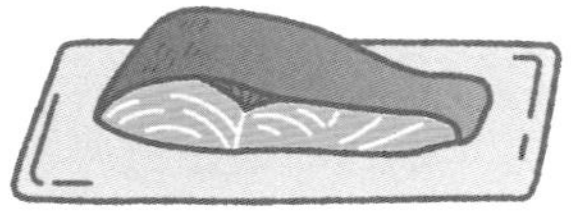

☐ 焼き魚

38 食べ物

☐ ハンバーガー

39 食べ物

☐ アイスクリーム

40 食べ物

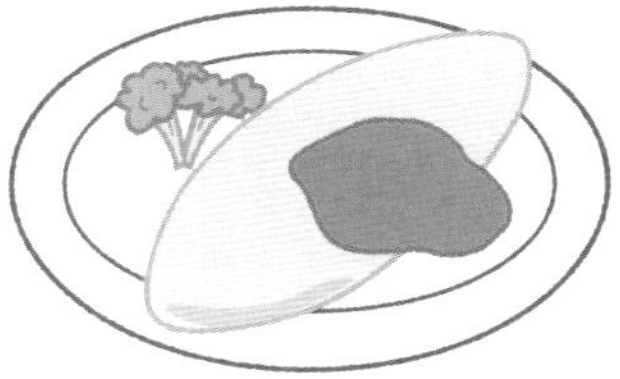

☐ オムレツ

41 食べ物

☐ パンケーキ

42 食べ物

☐ ピザ

43 食べ物

☐ プリン

44 食べ物

☐ 米

45 食べ物

☐ サラダ

46 食べ物

☐ サンドイッチ

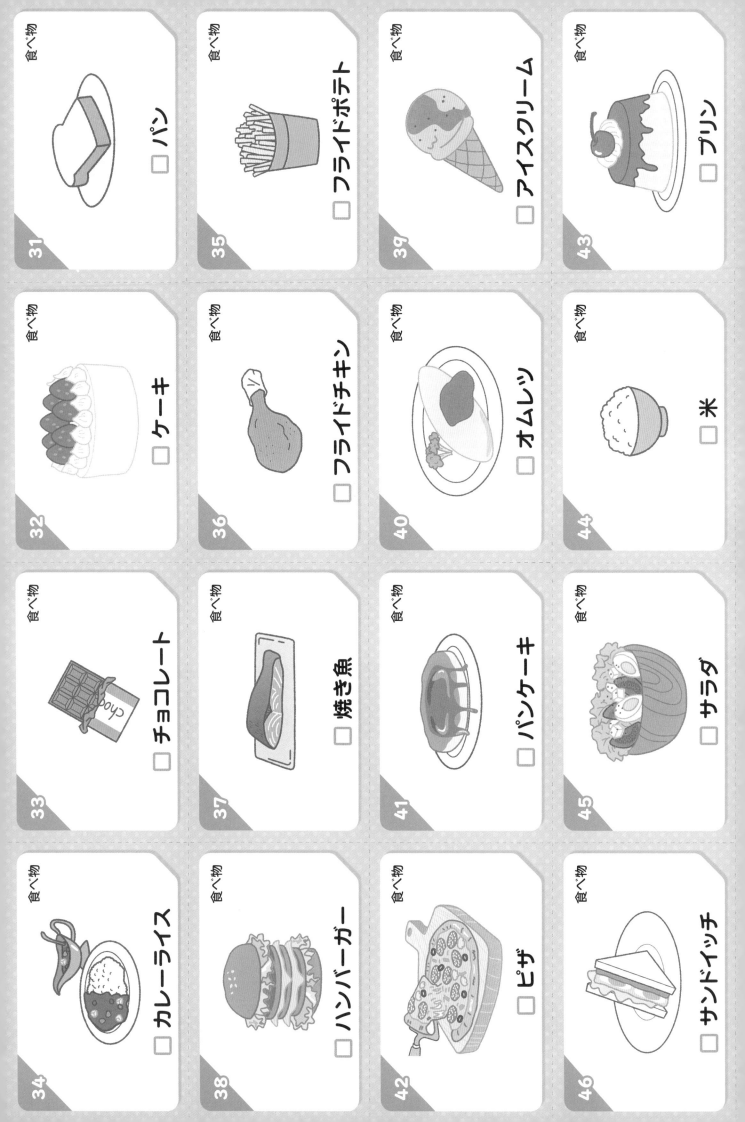

47 food

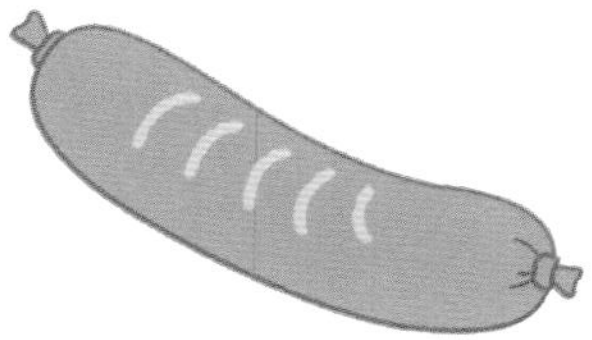

☐ sausage

48 food

☐ soup

49 food

☐ spaghetti

50 food

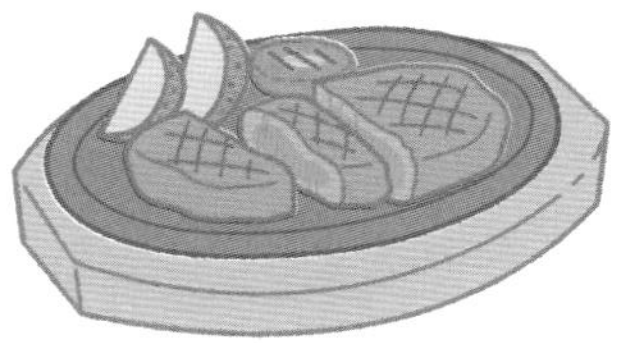

☐ steak

51 drink

☐ coffee

52 drink

☐ milk

53 drink

☐ tea

54 drink

☐ water

55 town

☐ amusement park

56 town

☐ aquarium

57 town

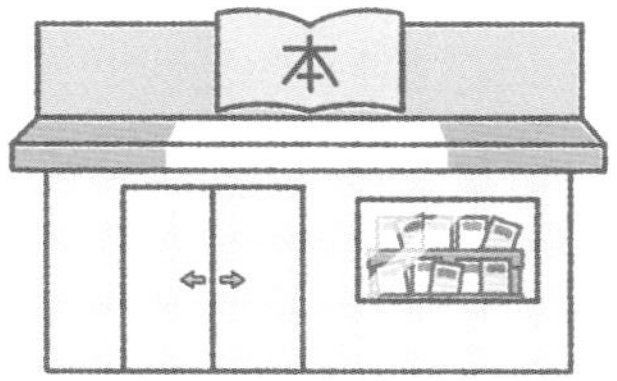

☐ bookstore

58 town

☐ castle

59 town

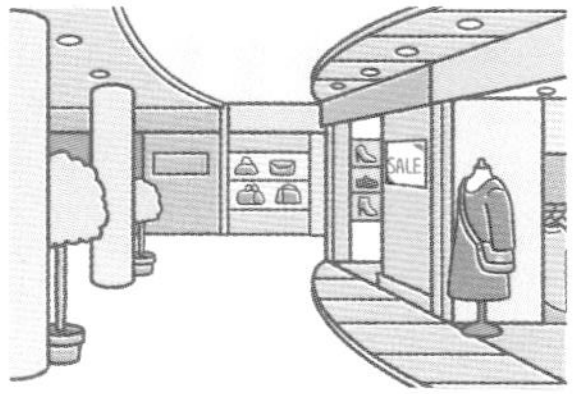

☐ department store

60 town

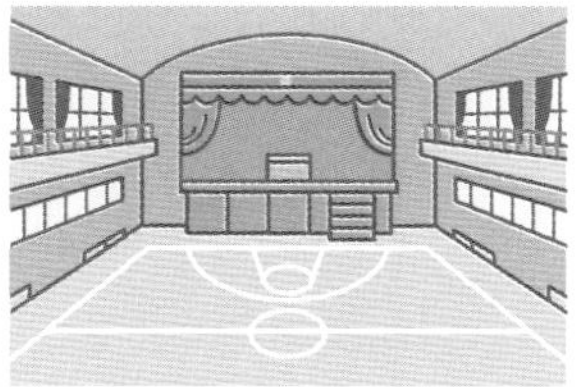

☐ gym

61 town

☐ hospital

62 town

☐ library

50 食べ物

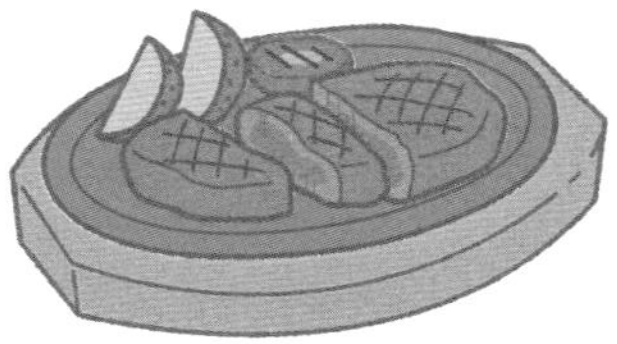

□ ステーキ

49 食べ物

□ スパゲッティ

48 食べ物

□ スープ

47 食べ物

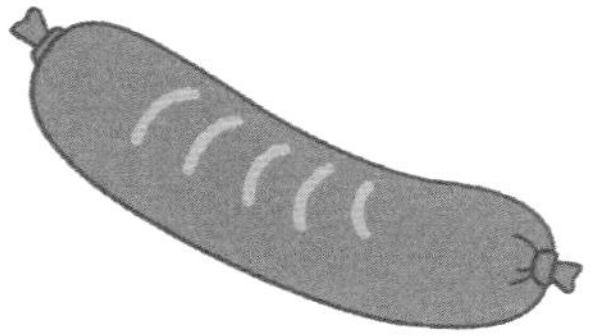

□ ソーセージ

54 飲み物

□ 水

53 飲み物

□ 紅茶《こうちゃ》、茶

52 飲み物

□ 牛乳《ぎゅうにゅう》

51 飲み物

□ コーヒー

58 町

□ 城

57 町

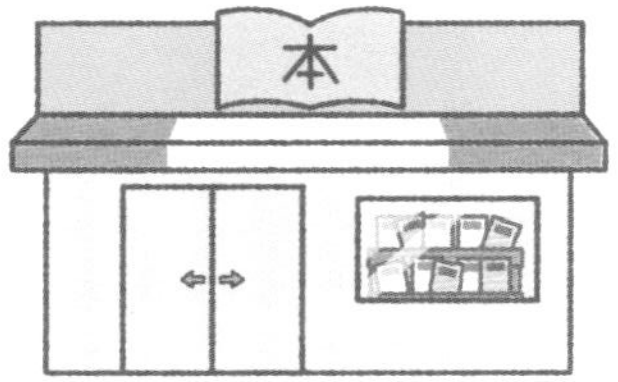

□ 本屋

56 町

□ 水族館

55 町

□ 遊園地

62 町

□ 図書館

61 町

□ 病院

60 町

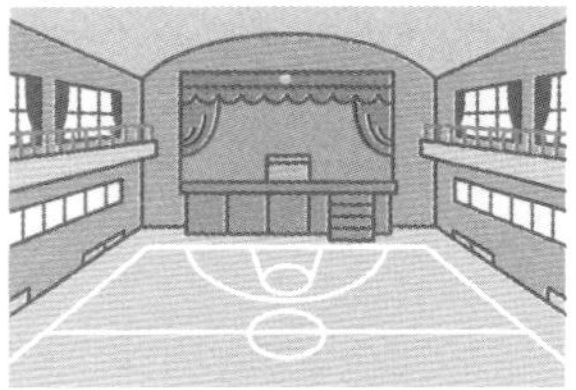

□ 体育館

59 町

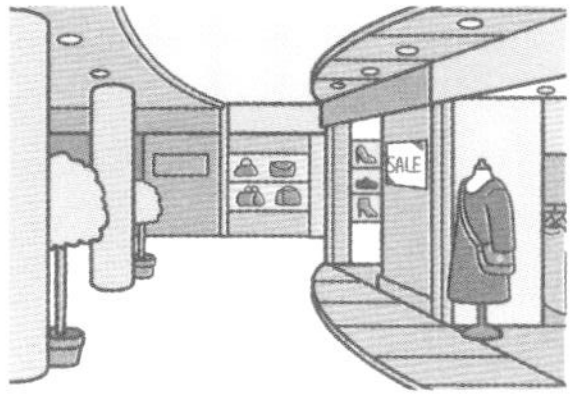

□ デパート

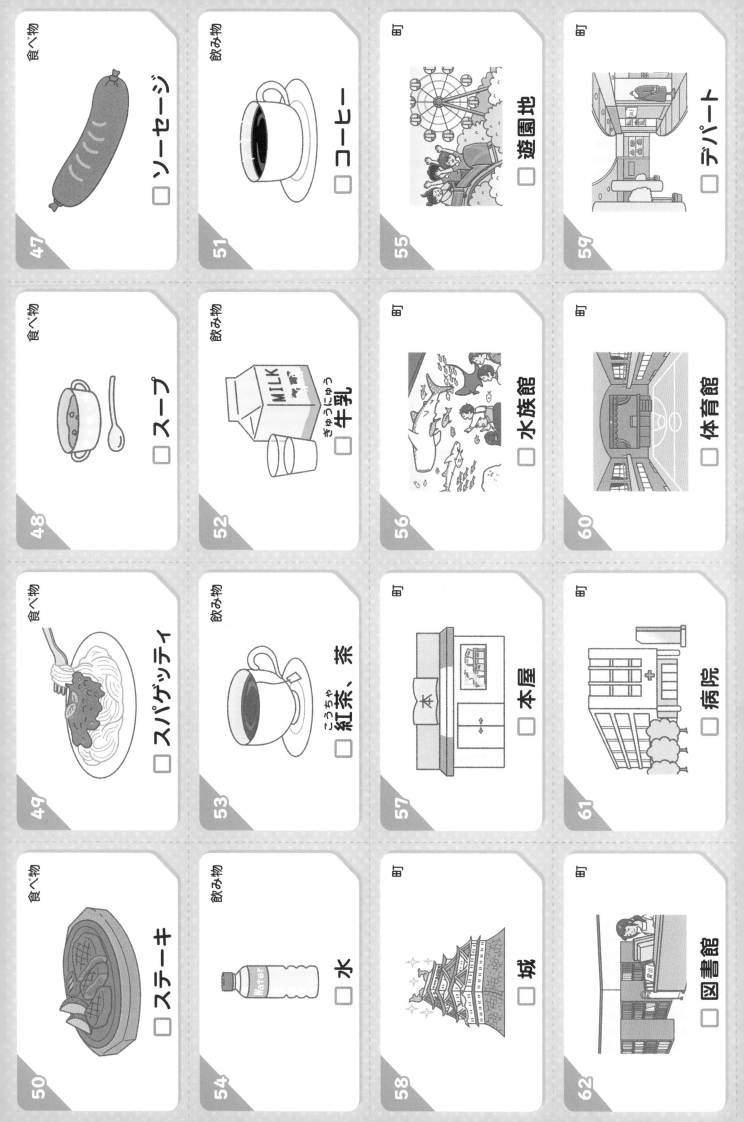

63 town

□ museum

64 town

□ park

65 town

□ police station

66 town

□ post office

67 town

□ restaurant

68 town

□ school

69 town

□ shrine

70 town

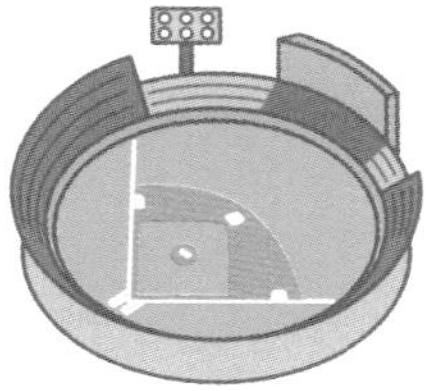

□ stadium

71 town

□ station

72 town

□ supermarket

73 town

□ temple

74 town

□ zoo

75 color

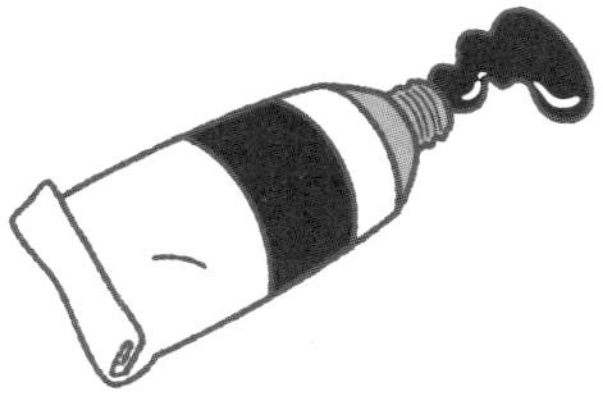

□ black

76 color

□ blue

77 color

□ brown

78 color

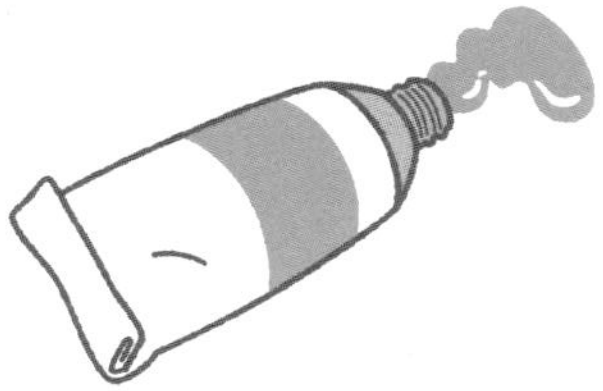

□ green

66 町

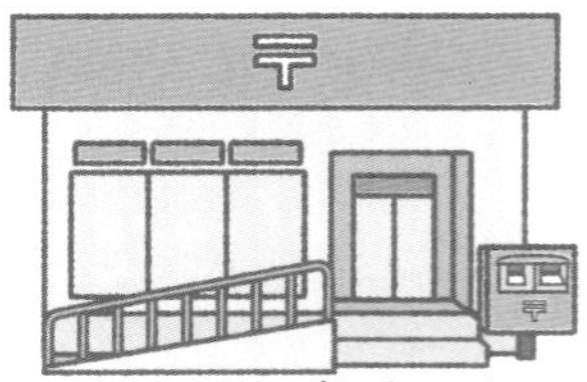

□ 郵便局《ゆうびんきょく》

65 町

□ 警察署《けいさつしょ》

64 町

□ 公園

63 町

□ 博物館、美《び》術館《じゅつかん》

70 町

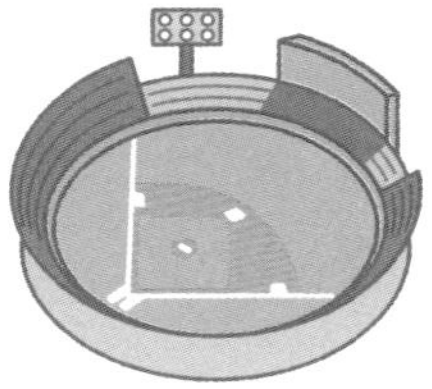

□ スタジアム

69 町

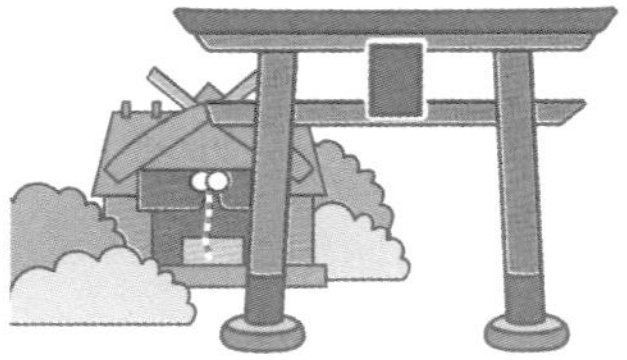

□ 神社

68 町

□ 学校

67 町

□ レストラン

74 町

□ 動物園

73 町

□ 寺

72 町

□ スーパーマーケット

71 町

□ 駅

78 色

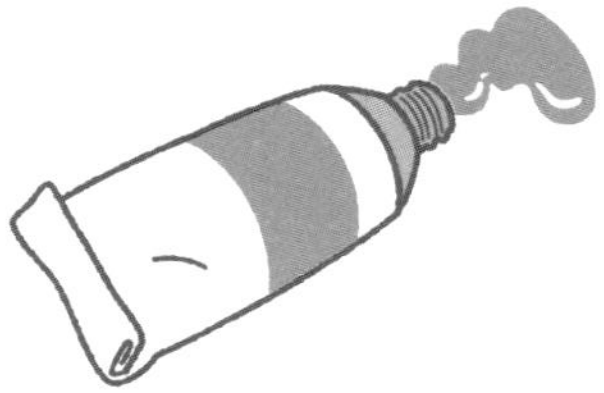

□ 緑

77 色

□ 茶色

76 色

□ 青

75 色

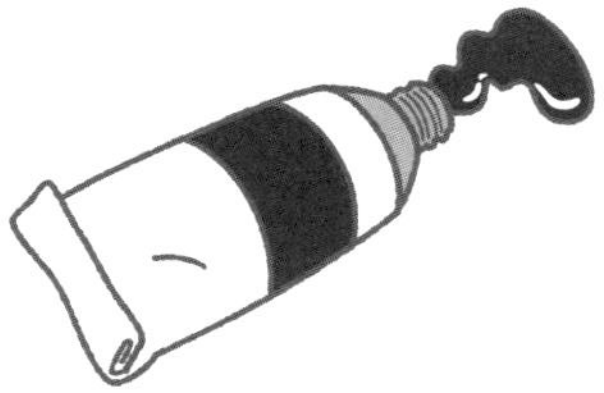

□ 黒

79 color

☐ orange

80 color

☐ pink

81 color

☐ purple

82 color

☐ red

83 color

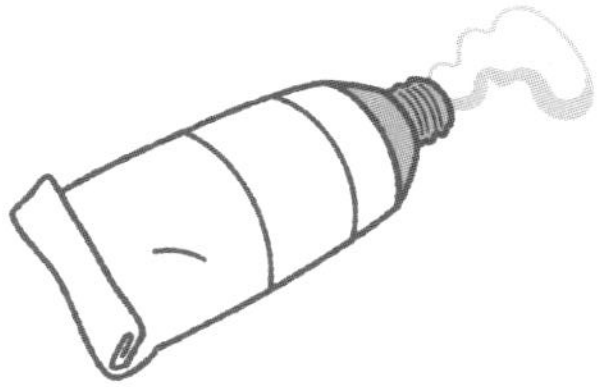

☐ white

84 color

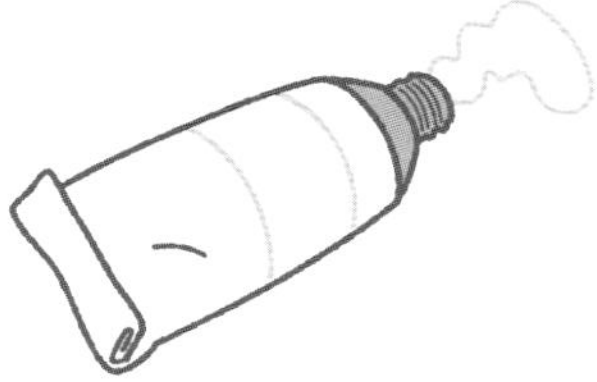

☐ yellow

85 state

☐ big

86 state

☐ small

87 state

☐ beautiful

88 state

☐ bitter

89 state

☐ salty

90 state

☐ sour

91 state

☐ cool

92 state

☐ cute

93 state

☐ sweet

94 state

☐ delicious

79 色

□ オレンジ色

80 色

□ ピンク

81 色

□ むらさき

82 色

□ 赤

83 色

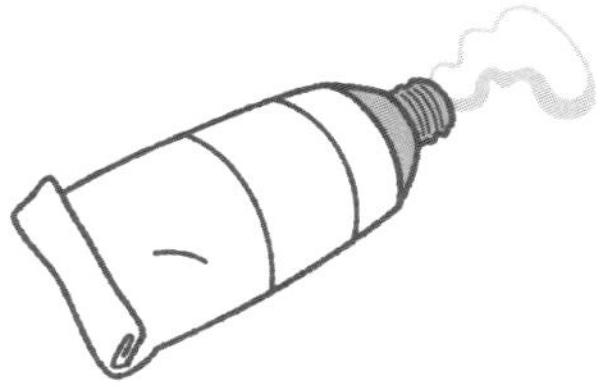

□ 白

84 色

□ 黄色

85 状態《じょうたい》・様子

□ 大きい

86 状態《じょうたい》・様子

□ 小さい

87 状態《じょうたい》・様子

□ 美しい

88 状態《じょうたい》・様子

□ 苦い

89 状態《じょうたい》・様子

□ 塩からい

90 状態《じょうたい》・様子

□ すっぱい

91 状態《じょうたい》・様子

□ かっこいい

92 状態《じょうたい》・様子

□ かわいい

93 状態《じょうたい》・様子

□ あまい

94 状態《じょうたい》・様子

□ おいしい

95 state

☐ exciting

96 state

☐ famous

97 state

☐ fine

98 state

☐ friendly

99 state

☐ fun

100 state

☐ funny

101 state

☐ good

102 state

☐ great

103 state

☐ happy

104 state

☐ interesting

105 state

☐ kind

106 state

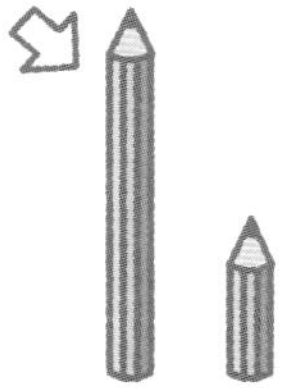

☐ long

107 state

☐ short

108 state

☐ new

109 state

☐ old

110 state

☐ popular

98
状態《じょうたい》・様子

□ 友好的な

97
状態《じょうたい》・様子

□ 元気な

96
状態《じょうたい》・様子

□ 有名な

95
状態《じょうたい》・様子

□ わくわくする

102
状態《じょうたい》・様子

□ すばらしい

101
状態《じょうたい》・様子

□ よい

100
状態《じょうたい》・様子

□ おかしい

99
状態《じょうたい》・様子

□ 楽しい

106
状態《じょうたい》・様子
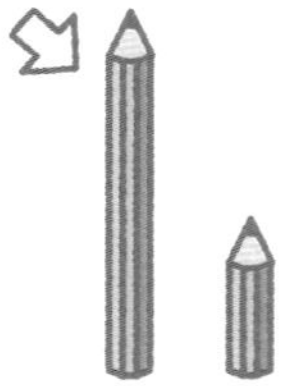
□ 長い

105
状態《じょうたい》・様子

□ 親切な

104
状態《じょうたい》・様子

□ おもしろい

103
状態《じょうたい》・様子

□ 幸せな

110
状態《じょうたい》・様子

□ 人気のある

109
状態《じょうたい》・様子

□ 古い

108
状態《じょうたい》・様子

□ 新しい

107
状態《じょうたい》・様子
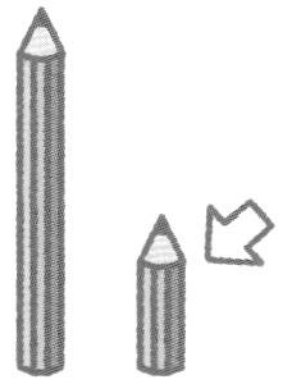
□ 短い

111 state

☐ sleepy

112 state

☐ smart

113 state

☐ strong

114 state

☐ tired

115 month

☐ January

116 month

☐ February

117 month

☐ March

118 month

☐ April

119 month

☐ May

120 month

☐ June

121 month

☐ July

122 month

☐ August

123 month

☐ September

124 month

☐ October

125 month

☐ November

126 month

☐ December

111 状態《じょうたい》・様子

□ ねむい

112 状態《じょうたい》・様子

□ かしこい

113 状態《じょうたい》・様子

□ 強い

114 状態《じょうたい》・様子

□ つかれた

115 月

□ 1月

116 月

□ 2月

117 月

□ 3月

118 月

□ 4月

119 月

□ 5月

120 月

□ 6月

121 月

□ 7月

122 月

□ 8月

123 月

□ 9月

124 月

□ 10月

125 月

□ 11月

126 月

□ 12月